黑龙江国有森工林区低碳经济发展模式构建研究

李婷婷 著

中国农业出版社

本研究获得河南省普通高等学校人文社科重点研究基地——农业政策与农村发展研究中心和河南省软科学研究基地——河南省农村区域经济发展研究中心支持

摘　　要

在全球气候变暖的趋势下，减少二氧化碳排放成为人类可持续发展进程中的一项重要任务。高投入、高消耗、高污染的高碳经济已经走入末路，以低耗能、低排放、低污染为基础的低碳经济成为未来最具潜力和竞争力的经济发展模式，并对能源、产业、技术、贸易等各个领域产生深远影响。森林自身特有的自然属性，使其在发展低碳经济上具有先天优势，但从全球来看林业依然是高碳产业，林区依然沿袭着高碳经济模式，因此，转变林业经营方式和林区经济增长方式，走低碳化道路，是发挥森林资源吸碳固碳优势，推动林区经济、社会、资源可持续增长的必然选择。

本研究以黑龙江国有森工林区低碳经济发展诉求为切入点，考量了黑龙江国有森工林区的经济发展模式，通过实证分析得出当前林区以高碳经济发展模式为主。在理论研究和实证分析的基础上，构建了黑龙江国有森工林区低碳经济发展模式，为黑龙江国有森工林区建设资源节约型和环境友好型社会提供了可实现的途径。最后研究了黑龙江国有森工林区低碳经济发展模式实施的保障机制。

本书的第一部分是绪论和理论研究，包括两章内容。绪论介绍了黑龙江国有森工林区低碳经济发展模式的研究背景、目的、意义；国内外相关研究及其评价、研究思路、主要内容、研究方法和技术路线以及本书的创新点。通过对循环经济理论、低碳经济理论、区域经济理论、生态经济理论和林业经济理论进行研究，并结合林区实际情况，构建了黑龙江国有森工林区低碳经济发展模式研究的理论框架。

第二部分是国内外低碳经济发展比较研究。通过介绍和分析世界上典型的几个国家低碳经济发展情况和国内低碳项目，为黑龙江国有森工林区低碳经济发展模式的构建提供经验借鉴。

第三部分是实证研究，包括两章内容。首先论述了全球气候变暖、二氧化碳排放量增加与人类社会经济发展的关系，探索低碳发展之路是实现人类可持续发展的必由之路。从森林自身特殊的自然属性出发，论述其在吸收二氧化碳上发挥着不可替代的作用，但是从全球来看，林业作为一个产业依然是高碳产业，林区作为一个经济发展整体依然沿袭高碳经济发展模式。运用KAYA模型，对黑龙江国有森工林区二氧化碳排放量进行测算，考量了当前林区的经济发展模式。进一步分析黑龙江国有森工林区碳排放的驱动要素，并运用多元回归，对黑龙江国有森工林区两大碳排放主要驱动要素——经济发展和能源强度进行更深入的实证分析，得出工业发展水平、林业发展水平和产业结构优化程度对黑龙江国有森工林区经济发展起着显著作用，能源消费结构和技术进步则对黑龙江国有森工林区能源强度起着重要影响。通过实证分析，黑龙江国有森工林区低碳经济发展模式的构建应该以产业结构的升级和能源结构的调整为重点。

最后一部分是应用研究，包括两章内容。首先，在理论研究和实证研究的基础上，以低碳经济发展内容为依据，以碳排放主要驱动要素为重点，构建了黑龙江国有森工林区低碳经济发展模式——森林培育生态化模式、森林碳汇模式、森林生态旅游休闲模式、森林生态文化产业模式、林产工业低碳重塑模式、产业结构低碳调整模式、清洁能源开发利用模式、人居生活低碳导向模式。这八个模式各有侧重点，最终促进黑龙江国有森工林区低碳经济的发展。然后论述了黑龙江国有森工林区低碳经济发展模式运作的保障机制，通过政府引导的推动机制、企业创新的牵引机制、政策倾斜的催化机制、技术支持的动力机制、人才聚敛的保障机制来保障黑龙江国有森工林区低碳经济发展模式的有效运行。

通过本书的研究得到以下结论：当前黑龙江国有森工林区以高碳经济发展模式为主。为了实现林区的转型和可持续发展，林区需要转变经济增长方式，走低碳发展之路。本书在理论和实证研究的基础上构建了黑龙江国有森工林区低碳经济发展模式，为林区低碳经济发展提供了可实现的路径。

关键词： 黑龙江国有森工林区；低碳经济发展模式；KAYA模型；实证研究

Abstract

With the trend of global warming, reducing carbon dioxide emissions as an important task in the process of sustainable development. The high-carbon economy with high investment, high consumption and high pollution has come to the end. The low-carbon economy based on low energy consumption, low emission and low pollution is becoming to the most potential and competitive mode of economic development in the future, which have a far-reaching impact on energy, industry, technology and trade. Forest has inherent advantage on developing the low-carbon economy because of its special natural attributes. From the whole world, forestry is still a high-carbon industry, and forest region also still carries on high-carbon economic development mode. So, changing forestry operations and economy growth mode, taking the low-carbon economic development mode, is the necessary choice of taking advantage of forest resources suck and solid carbon and promoting economy, society, resources for sustainable growth.

Taking Heilongjiang state-owned forest industry region appeals for the low-carbon economy as the breakthrough point, the paper measures the economic development mode of it. Empirical research shows that at present Heilongjiang state-owned forest industry region still carries on high-carbon economic development mode. So，based on the theoretical and empirical research，the paper constructs the low-carbon economic development mode of Heilongjiang state-owned forest industry region，which provides the way to realize the construction for forest resource conservation and environment friendly society of it. Finally the paper researches the security mechanism for the low-carbon economic development mode.

The first parts are the introduction and theoretical research，which has two chapters. The introduction includes the background，purpose，and significance of research，the related literatures and review them，the thought and main contents of research，the methods，the technical route，as well as the innovations. Then，with the actual situation in forest areas，based on theories of low-carbon economy，cyclic economy，ecological economy，regional economy，forestry economy，constructs the theoretical framework for the low-carbon economic development mode of Heilongjiang state-owned forest industry region.

The second part is comparative study. The paper taking the development of low-carbon economy of typical countries and some low-carbon project of China as examples in order to provide experiences for constructing the low-carbon economic development mode of Heilongjiang state-owned forest industry region.

The third part is empirical research，which has two chapters. Through discussing the relations between global warming，carbon dioxide emissions and human social and economic development，the paper gets the argumentation about the low-carbon economic development mode is the only way of achieving sustainable development. Forest has inherent advantage on developing the low-carbon economy because of its special natural attributes. From the whole world, forestry is still a high-carbon industry, and forest region also still carries on high carbon economic development mode. The paper uses KAYA model to estimate the carbon dioxide emissions of Heilongjiang state-owned forest industry region. Research shows that it still carries on high-carbon economic development mode. Continue to analyze driving factors of the carbon dioxide emissions by KAYA model. Then, using regression analysis, the paper researches influence factors of major driving factors of carbon dioxide emission. The result shows the development of industry, the development of forestry and the optimization of industrial organization play an important part for economic development. It also shows the structure of energy consumption and technological progress play vital influence to energy intensity. Based on these empirical analysis, the low-carbon economic development mode of Heilongjiang state-owned forest industry region should be focus on the upgrading of industrial structure and adjustment of energy structure.

The last part is applied research, which also has two chapters. Basing on the theoretical research and empirical research, according to the content of developing low-carbon economy and focusing on major driving factors, this part constructs the low-carbon economic development mode, such as the forest ecological cultivation mode, the forest carbon sinks mode, the forest eco-tourism and leisure mode, the forest eco-cultural industry mode, the forest products industry rebuilding mode, the low-carbon industrial structure adjustment mode, the clean energy development and utilization mode and the low carbon life-oriented mode. These eight modes focus on different part, and the aim is to promote the low-carbon economic development of Heilongjiang state-owned forest industry region. Finally, the paper researches the security mechanism for the low-carbon economic development mode, which contains the government-led mechanism, the enterprise innovation mechanism, the policy trend mechanism, the technical support mechanism, the talent amassed protection mechanism.

Conclusion of the research: at present, Heilongjiang state-owned forest industry region still carries on high-carbon economic development mode. In order to realize the economic transformation and sustainable development, Heilongjiang state-owned forest industry region needs the low-carbon economic development mode. Basing on the theoretical and empirical research, this paper constructs the low-carbon economic development mode, which provides the way to realize the development of the low-carbon economy in Heilongjiang state-owned forest industry region.

Keywords: Heilongjiang state-owned forest industry region, the low-carbon economic development mode, KAYA model, empirical research

目　　录

1 绪　　论

1.1 研究的目的与意义

1.1.1 研究背景

伴随着一百多年来的工业化进程，人类依靠对各种自然资源大规模、高强度的开发与利用，在经济、社会、科学技术等各个方面都取得了前所未有的成就，推动了人类文明跨越式地向前发展。与此同时，对自然资源无节制的开发和利用，导致人类赖以生存的生态环境逐渐恶化。过度开发导致全球气候变暖，由此造成的酸雨、水污染、气候异常、疾病暴发等一系列问题接踵而来，给人类的生态安全造成了严重的威胁。人类在享受工业化成果的同时，也承受着频发的生态灾难带来的痛苦。

生态危机引发了人们对保护生态环境的思考，引发了人们对自然资源合理利用的思考，引发了人们对生态、经济、社会发展之间密切关系的思考。围绕这些问题，国际社会进行了长期的研究和探讨，各国之间加强合作，协调行动，取得了初步成果。1992 年 6 月在巴西里约热内卢举行的联合国环境与发展大会上，150 多个国家制定的《联合国气候变化框架公约》是世界上第一个为全面控制二氧化碳等温室气体排放，应对全球气候变暖给人类经济和社会带来不利影响的国际公约，奠定了应对气候变化国际合作的法律基础。1997 年 12 月，《联合国气候变化框架公约》第3次缔约方大会上，149个国家和地区的代表通过了旨在限制发达国家温室气体排放量以抑制全球变暖的《京都议定书》，《京都议定书》于2005年正式生效，这是人类历史上首次以法规的形式限制温室气体排放。2009年12月，哥本哈根气候大会召开，192个国家和地区代表与会，商讨《京都议定书》一期承诺到期后的后续方案，并达成《哥本哈根协议》，该协议维护了《联合国气候变化框架公约》及其《京都议定书》确立的“共同但有区别的责任”原则，就发达国家实行强制性减排和发展中国家采取自主减缓行动做出安排，并就全球长期目标、资金和技术支持、透明度等问题达成广泛共识。

改革开放以来，中国的现代化建设取得的成就世人瞩目。但在发展的过程中，我们也面临着环境、经济和社会之间的不平衡发展问题。如何保护生态环境，促进环境、经济、社会的可持续协调发展，受到了政府和全国人民的高度重视。2007年6月，中国政府发布《中国应对气候变化国家方案》，阐述了中国在2010年前应对气候变化的对策。2007年10月，中共十七大召开，将“建设生态文明”写入十七大报告中。2008年10月，中国政府发布《中国应对气候变化的政策与行动》白皮书，介绍了中国减缓和适应气候变化的政策和行动。2009年1月，中央1号文件提出，要发展“碳汇林业”，从而明确了森林资源在中国发展低碳经济中的重要位置。2009年11月，中国政府宣布2020年单位GDP二氧化碳排放比2005年下降40%～45%的目标。

在这样的时代背景下，高投入、高消耗、高污染的高碳经济已经走入末路，以低耗能、低排放、低污染为基础的低碳经济成为全球的热点，并对能源、产业、技术、贸易等各个领域产生深远影响，被誉为人类发展史上的新革命——“低碳革命”。森林是陆地生态系统的主体，是最经济的吸碳器，也是陆地最大的储碳库，具有巨大的经济功能、社会功能、生态功能。根据联合国政府间气候变化专门委员会估算：全球森林每年对碳的吸收占大气和地表碳流量的 90%；全球森林生态系统贮存了 1.15 万亿吨碳，占陆地生态系统储碳总量的 46%。森林吸碳、固碳投资少、综合效益大，具有很强的经济和现实可行性。中国政府在发展经济的过程中，坚持不懈地开展植树造林和森林保护。随着三北防护林、天然林保护、退耕还林等重点生态工程的实施，我国森林资源在一定程度上得到了保护和恢复，2000 年以后，在全球森林面积逐年递减的情况下，中国森林面积却以年均 400 多万公顷的速度增加。但是，当前我国林业产业依然依赖于高投入、高消耗的生产方式，林区经济还延续着高碳经济发展模式，这将会削弱经济又快又好发展的后劲，不利于可持续发展。当前，在“十二五”规划的开端之年，林业改革也正在向纵深方向发展，我们应该抓住这个重要的历史机遇，基于低碳经济理念，结合林区特色，将林业改革和发展低碳经济结合起来，研究和实践如何实现林业以木材生产为主转向以生态建设为主，林区发展由单一经济取向转向生态保护为主，兼顾经济和社会效益，走一条林业创新发展之路和林区低碳发展之路。

1.1.2 研究目的

低碳经济作为一种新兴的经济发展模式，在解决经济发展、能源问题和应对气候变化等方面表现出越来越强大的竞争力和巨大的潜力。森林资源在发展低碳经济中具有先天优势，但当前林业和林区依然沿袭着高碳经济的发展模式。因此，必须探索一条适合林区的低碳发展之路，才能实现林区经济由单一型转向复合型，经济发展由以木材生产为中心转向以生态建设为中心，最终实现林区和林业的可持续发展。本书在低碳经济、循环经济、生态经济等相关理论的基础上，结合林区实际，试图从低碳经济发展内容的角度，建立黑龙江国有森工林区低碳经济发展模式研究的理论框架。进一步运用实证研究，对当前黑龙江国有森工林区经济发展模式进行考量，以证明黑龙江国有森工林区依然沿袭着高碳经济发展模式。在理论和实证研究的基础上，构建黑龙江国有森工林区低碳经济发展模式及其保障机制，旨在为政府部门及相关部门制定黑龙江国有森工林区低碳经济发展策略提供智力支持。

1.1.3 研究意义

作为中国最大的国有林区和重要的工业原材料供应基地，黑龙江国有森工林区长期以来在传统的高碳经济模式下，自然资源过度消耗，生态环境严重破坏，这种模式势必削弱林区未来经济发展的潜力和阻碍林区的可持续发展。当前国家在东北实施了东北生态功能区建设战略，积极探索东北国有林区保护森林资源，恢复生态环境，实现绿色发展的特色发展之路。因此，黑龙江国有森工林区要抓住国家大力发展低碳经济和东北生态功能区建设的契机，充分发挥森林资源在降低二氧化碳排放上的优势，深度挖掘林区发展低碳经济的潜力，促进林区经济转型和实现林区可持续发展。本研究运用低碳经济、生态经济、林业经济等相关理论，结合林区实际情况，构建了黑龙江国有森工林区低碳经济发展模式，在选题上具有一定的前沿性和挑战性，在研究内容上具有重要的理论和实践意义。

（1）本研究在科学发展观的指导下，以循环经济、低碳经济、生态经济、区域经济和林业经济为理论基础，结合林区实际，构建了黑龙江国有森工林区低碳经济发展模式研究的理论框架。该理论框架对于丰富林区低碳经济研究和林业经济研究具有重要的理论意义。

（2）本研究通过KAYA模型和多元回归分析两个实证研究，测算了黑龙江国有森工林区碳排放量，分析了黑龙江国有森工林区碳排放驱动要素及主要驱动要素的影响因素。这对于政府考量当前林区经济发展的实际情况，有针对性地制定经济转型策略，促进林区由高碳经济发展模式转向低碳经济发展模式具有重要的实践意义。

（3）本研究构建了黑龙江国有森工林区低碳经济发展模式。这个模式分为八个部分，分别从不同方面论述了低碳经济发展模式的路径，为黑龙江国有森工林区建设资源节约型和环境友好型社会提供了可实现的途径，也为东北国有林区生态功能区建设提供了参考思路。

1.2　国内外研究现状及评述

1.2.1　低碳经济研究

1. 国外低碳经济研究

美国著名学者莱斯特·R. 布朗的可持续发展思想和生态经济思想蕴藏着低碳经济的思想先声，他在著作中多次强调发展与环境之间的重要联系，认为人类的发展不应以牺牲环境为代价，经济应该从以化石燃料为基础，向以新能源为基础的低碳经济转变，形成零污染排放、无碳能源经济体系。布朗于1981年出版了《建立可持续发展的社会》，在世界上首次提出了可持续发展的概念。他认为可持续发展具有三个特点：①强调发展与环境的关系，经济发展只有在不破坏生态环境的前提下才能持续进行；②强调代际公平，当代人不应该对资源进行掠夺式开发，破坏生态环境，损害后代的发展能力；③强调综合发展，发展应该是全面的，贫困、发展和环境之间息息相关[1]。随后在可持续发展的基础上，布朗又提出了“生态经济”理念。2001年《生态经济：有利于地球的经济构想》出版，布朗定义了一种“遵循生态学规律的经济”，即要将经济作为地球的一个子系统，构建一种与地球保持和谐关系的经济[2]。2003年《B模式：拯救地球，延续文明》出版，布朗认为当前世界经济是在A模式下运行，即过度依赖和开发自然资源。A模式带来的结果是资源紧缺、环境恶化、气候变暖、水位上升、粮食安全受到威胁等。A模式违反了自然规律，无法继续运行下去，取而代之的应该是B模式，即重视环境与生态，稳定气候和人口，经济发展的动力不再是碳系燃料，而是低污染低消耗的新能源，如：太阳能、风能、氢能、潮汐能、地热能等[3]。

2003年，英国首次在政府文件英国能源白皮书《我们能源的未来：创建低碳经济》中提出“低碳经济”的概念，认为低碳经济是通过低消耗和低污染以获得高产出，通过应用先进的技术来推动经济的发展[4]。第一次工业革命从英国开始，百年的工业化进程使这个资源并不丰富的岛国从资源的自给自足逐渐转向依靠进口，能源安全的威胁，气候变暖带来的一系列问题，使英国意识到调整能源结构，建立以低污染、低消耗、高效率的低碳经济必要性和紧迫性。随后，各国都展开了对低碳经济的研究。

20世纪末，日本学者Kaya Yoichi提出了著名的KAYA模型，揭示了碳排放量的推动力，认为一个国家或地区的碳排放量受到人口、人均GDP、单位GDP能源用量以及单位能源碳排放量四个因素的影响[5]。KAYA 模型得到了国际社会的一致认可，当前广泛地应用于国家或地区碳排放量驱动因素分析，通过因素分析法，找出降低碳排放的有效措施。

Kei Gomi，Koji Shimada 等（2007）对建立区域低碳社会进行了研究，他们认为区域发展应建立二氧化碳减排目标，制定二氧化碳排放的长期计划，通过温和的经济增长来实现目标和计划。明确区域在实现减排目标上的优势，通过调整能源结构，提高资源使用效率，推广可再生能源，规划区域土地，改变居民行为等来实现节能减排目标[6]。

Michael Grubb，Tim Laing 等（2009）概述了全球碳机制理论及其产生的政治背景，论述了碳机制当前是以清洁发展机制，国家间联合执行、排放和交易的形式出现在《京都协议书》中，在此基础上分析了发展全球碳机制争议的主要问题，碳机制的效率和效益，以及未来发展的影响[7]。

Toshihiko Nakata，Mikhail Rodionov（2010）等认为全球应通过构建一个新的能源系统向低碳社会转型，常规的能源系统侧重于世界能源供给与需求网络，新的能源系统应该是立足于减少全球碳排放，更改能源结构，提高能源效率的创新系统[8]。

Thuli N. Mdluli，Coleen H. Vogel（2010）以南非为例，分析了低收入区域在向低碳经济转型过程中的挑战，认为低收入地区对低价低效高碳能源的依赖性和对高价高效低碳能源的支付能力限制，再加上社会风俗，导致消费者在选择上坚持使用高碳能源，是南非在改善气候条件和减缓碳排放方面的主要障碍[9]。

2. 国内低碳经济研究

庄贵阳（2007）认为，低碳经济是碳生产力达到一定水平的经济形态，实质是能源效率的提高、能源结构的优化、消费行为的理性，核心是制度创新和技术创新，目标是减缓气候变化和促进人类的可持续发展，即通过制度约束和技术跨越式发展，实施一场能源革命，建立低碳高增长的经济发展模式，缓解气候变化，实现可持续发展。他认为当前在认识低碳问题上存在一定的误区，必须澄清这些误区：首先低碳不等于贫困；其次，低碳经济并不一定是高成本；第三，低碳经济应该是从现在做起，关系每一个人的事情[10]。

付允、马永欢、刘怡君、牛文元（2008）认为低碳经济的发展模式就是在实践中运用低碳经济理论组织经济活动，将传统经济发展模式改造成低碳型的新经济模式。低碳经济发展模式的重点在低碳，目标是发展，特征是三低三高，即：低耗能、低排放、低污染和高效能、高效率、高效益。宏观层面体现为以低碳发展为方向，中观层面体现为节能减排为方式，微观层面体现为碳中和技术为方法[11]。

张坤民（2008）认为低碳经济既是经济问题，又是环境问题，还是社会问题。对于这样的综合性大问题，应挖掘问题之间的关联性，寻求“多赢”方案。21世纪应以应用创新技术为主，通过低碳经济模式和低碳生活方式，来实现人类和经济的可持续发展。中国在世界经济中占有越来越重要的地位，但中国在发展低碳经济中还面临能源禀赋、发展水平、总量突出和锁定效应等挑战，中国需要通过构建可持续发展的能源对策框架，节能减排，大力发展可再生能源等战略来应对发展低碳经济的挑战[12]。

张世秋（2008）认为发展低碳经济是连接区域污染控制、气候变化减缓和可持续发展的桥梁。局地和区域污染同全球环境问题密切相连，转变增长方式、调整产业结构迫在眉睫。推进低碳经济实践，有助于中国能源和消费结构转变、区域环境质量保护和实现跨越式发展，突破现有和未来可能存在的技术和贸易壁垒，降低发达国家向发展中国家转嫁污染风险，实现经济、环境、社会可持续健康发展的“多赢”局面。在发展低碳经济中，制度创新和政策变革是关键：对资源和环境进行全程的监管和调控，对多种污染物实行联合控制战略，从属地管理向区域管理转变，通过价格政策利用市场对经济和环境进行有效和公平的分享和承担[13]。

方时姣（2009）指出，低碳经济是经济发展的碳排放量、生态环境代价及社会经济成本最低的经济，是一种能够改善地球生态系统自我调节能力的可持续性很强的经济。经济主体要主动承担保护环境的社会责任，不能再单纯地追求利润最大化或效用最大化，而是在遵循自然规律的基础上有效利用资源技术，使环境成本最小化，达到经济、环境和社会的和谐发展和可持续发展[14]。

潘家华（2010）认为未来世界的竞争将集中在碳生产率的竞争。当前应该综合考虑长远战略、现实竞争力、环境成本等因素，发展具有高竞争力、低成本的低碳经济。中国在向低碳经济转变过程中，由于受到当前发展程度和资源禀赋的制约，靠调整产业结构、优化能源结构，低碳化的空间将会很狭窄；但在提高资源效率、发展清洁能源和可再生能源、引导低碳生活和消费方面，低碳化的潜力很大[15]。

1.2.2 低碳技术研究

1. 国外低碳技术研究

Jonathan G. Koomeya，Carrie A. Webbera（2001）等研究了美国建筑行业应用清洁能源的前景。通过采用清洁能源方案和非采用清洁能源（一切照旧）方案进行对比研究，发现如果将碳节约技术应用到美国建筑行业，将会带来能源的节约和碳排放量的减少。研究表明，到 2020 年美国建筑行业能源将会节约 18%，碳储存量大约相当于不采用碳节约技术情况下排放量的 40%，建筑行业的碳排放量将会低于 1990 年水平，建筑行业的减排非常有潜力[16]。

Sven Bode，Martina Jung（2006）认为，为应对气候变暖的趋势，碳捕获和储存技术越来越受到关注。当前最大问题就是应用填埋技术将碳储存在地质层之后其可能又重新散发到大气层，因此捕获和存储二氧化碳之后如何保持其长期的稳定性是解决问题的关键，解决二氧化碳的渗漏问题，才能从源头上进行节能减排[17]。

P. Georgiou，C. Tourkolias，D. Diakoulaki（2008）论述了清洁发展机制框架内不同发展中国家选择风力发电项目的路线图。构建了根据京都协议书中清洁发展机制的框架下发展中国家建立风能发电项目的评估程序，评价的结果是在清洁机制的指引下，经过严密的技术经济分析后，找到最有吸引力的投资机会[18]。

Vasilis Fthenakis，JamesE. Mason，KenZweibel（2009）探讨了美国太阳能作为能源供应的经济、技术和地理可行性。长期以来由于成本的限制，太阳能一直被看做对能源贡献不大的产业。最近由于光伏发电生产成本的大幅度降低，使太阳能发电技术相对于化石燃料发电，具有了很强的成本竞争力。研究表明：到 2050 年太阳能在经济、技术和地理上可以提供占总需求量 69%的电量，到 2100 年 90%以上的电需求量可以由太阳能来提供，并将能源产生的二氧化碳的排放量减少 92%[19]。

Pallav Purohit（2009）以印度为例，分析了在清洁发展机制框架下生物质气化工程项目的经济潜力。清洁发展机制下的生物质气化工程，可直接减少温室气体的排放，促进可持续发展。到目前为止世界上只有一个清洁发展机制下注册的生物质气化工程项目。通过研究发现，理论上生物质气化工程具有巨大的二氧化碳减排潜力。在印度每年大约有 7 400 万吨的农业残留物可以作为生物原料，核电厂生物质气化电机容量潜力为 31GW，每年可生产超过 67TWh 的电量。生物质能气化工程的推广，将在能源产业掀起一场新的绿色革命[20]。

2. 国内低碳技术研究

牛文元（2006）认为随着经济的快速发展，中国对能源、资源的消耗逐步加大，中国要发展低碳经济，首先要从能源抓起，一方面节约能源，形成能源节约思想，培养能源节约文化，研发能源节约技术，制定能源节约政策；另一方面开发新能源，加速碳基能源向无碳基能源的转化，开发天然气水合物，研发无碳基能源的获取和传输技术。更重要的是，通过制定“绿色能源”战略规划，统筹安排绿色能源的开发与使用[21]。

庄贵阳（2007）认为中国有很多有利条件实施低碳项目，如技术能力强、国家风险低、获取项目投资容易等。我国政府相关部门通过制定 CDM 项目运行管理办法、建立技术服务中心、开展专业培训、举办和参与 CDM 国际合作和交流会议，极大地促进了中国 CDM 项目的开发与合作。CDM 项目的实施，有利于企业和公众在发展低碳经济中明确自己的社会责任，让更多的人自觉参与到保护环境的行动中来[22]。

管数园、李艳红（2007）认为能源紧缺是中国未来发展面临的主要挑战，生物质能的利用有助于解决能源短缺问题，同时能够避免化石燃料产生的二氧化碳排放问题。发展生物质能技术对中国的可持续发展具有重要意义。当前的生物质能技术主要包括直接燃烧技术、生物质固化技术、生物质液化技术、生物质气化技术。每一种技术都有其优缺点，应结合实际情况，选择适合当地发展的生物质能技术[23]。

倪维斗（2008）认为每个国家应该在其特殊的国情下开展可再生能源的利用，可再生能源的利用一定要因地制宜，即“合适的能源放在合适的地方”。可再生能源发展的最高准则是人和自然的和谐发展。可再生能源应用中要考虑几个重要的指标：生命周期转换效率、土地利用系数、水耗系数、国情尺度、份额尺度、时间尺度、经济尺度、可再生能源的特点如何发挥。通过这几个指标，因时因地地对可再生能源进行科学合理的评估[24]。

吴昌华（2010）认为应合理规划低碳技术发展路线图，包括明确重要技术领域、识别关键技术发展路径、探索技术创新的政策措施。宏观方面，可以通过增加研发投入、建立科技创新体制、明确企业作为低碳经济主体的地位等逐步提高中国低碳技术的自主创新能力。微观方面，在工业、交通、建筑等行业在低碳技术的应用上普遍面临技术研发、成本或市场的挑战，因此，通过识别技术特征和政策创新来扫除低碳技术发展障碍尤为重要[25]。

1.2.3 林业与低碳经济研究

1. 国外林业与低碳经济研究

国际上对于林业与低碳经济的研究起步于 20 世纪 60 年代中后期，国际科学理事会计划首次从全球性陆地森林生态系统碳蓄积角度研究林业在发展低碳经济中的作用，1972 年联合国教科文组织开展的人与生物圈计划则是国际生物学计划的发展和延续。随后欧洲各国、加拿大、美国、俄罗斯、巴西等国都进行了区域森林生态系统的碳平衡及其与全球碳循环之间的关系。1996年，芬兰森林研究所与欧洲森林研究所合作，组织全世界多位科学家就全球森林问题进行专项研究，根据其一份研究报告显示，森林采伐产生大量的废弃物，如果其中的三分之一作为燃料发电，就可以使欧盟各国的二氧化碳排放量减少十分之一，而产生的发电量几乎可以满足爱尔兰、芬兰或者丹麦每年消耗的电量[26]。

Terhi Kaipainen，Jari Liski 等（2004）运用 CO_2FIX 模型来分析欧洲不同森林不同林龄下树木、土壤、林产品的二氧化碳储量。研究结果显示随着林龄的增加，林木中的碳储量会增加，但是德国和芬兰的苏格兰松树林的土壤碳储量略微减少，英国的云杉林产品的碳储量也会略微减少[27]。

Roland Olschewskia，Pablo C. Ben′tezb 等（2005）认为清洁发展机制包括了植树造林项目，以尽可能地减少大气中的二氧化碳，同时也可以组织土地退化和荒漠化。本研究基于经济学的观点分析减排认证的供给与需求来论证森林碳汇的优势。研究结果证明碳交易和森林碳汇对减排认证的供给者具有经济价值，同时对于寻求低成本高效率减排机遇的需求者具有巨大的吸引力[28]。

Jared and William（2010）分析了美国东北部森林碳汇。目前很少有研究关注不同的育林系统对碳储量的影响。通过分析成熟度的影响，以及用生物量法来测量碳储量，研究结果表明过熟林结构和成熟程度对碳储量具有重要影响，这对于森林经营管理中的碳储存管理具有重要意义[29]。

Ralph Alig，Greg Latta 等（2010）认为森林不仅能够减

少温室气体，还提供环境、经济和社会效益。应对气候变化的政策工具包括碳补偿方案，法律和政策对防止农林业土地流失的限制。应用 Forest and Agriculture Sector Optimization Model-Greenhouse Gases Model 来进行政策分析，结果显示不管是农业还是林业，土地所有者收到碳补偿会对未来土地的利用方式、碳储存、森林资源状况、农业生产趋势、生物质能源的利用产生重大影响[30]。

2. 国内林业与低碳经济研究

魏殿生（2006）认为在应对气候变化的过程中，森林碳汇被逐步推到一个重要位置。清洁发展机制下的造林再造林碳汇项目完全符合我国的可持续发展战略。“造林”是指在过去 50 年以上的无林地上进行的造林；“再造林”是指在曾经为有林地而后退化为无林地（1989 年 12 月 31 日）的地点上进行的造林。造林再造林碳汇项目涉及到碳储量的计量与评估、碳汇的非持久性、碳泄漏、项目对经济、社会和环境的影响等很多问题[31]。

何英、张小全、刘云仙（2007）认为中国对森林碳汇交易的研究起步较晚，森林碳汇交易市场还处在建立阶段，但是中国森林碳汇服务市场具有巨大的发展潜力。中国社会政治稳定是森林碳汇交易顺利进行的保证。森林发展空间大，森林固碳能力增长潜力大，森林碳汇项目既经济又能吸引融资等众多优势使中国在发展森林碳汇交易上具有巨大的潜力，但在市场信息、交易成本、供应方权益保障等方面存在一定的问题。因此建议建立和完善相关法律制度、建立监督机制、制定森林碳汇计量标准、运用法律机制协调权属关系和流转关系、加强专业培训和强化宣传等措施，促进中国碳汇交易市场的发展[32]。

王春峰（2008）认为森林在发展低碳经济、减缓全球变暖中的关键就是要增强森林的碳汇功能，减少和控制森林成为温室气体的排放源。中国是世界上森林资源增长最快的国家，具有巨大的吸碳和固碳潜力。通过进一步加大植树造林力度、提高林分质量、开发生物质能、强化对森林火灾、病虫害的防控力度、增加林产品贮碳量等方式来充分发挥林业在低碳经济发展中的作用[33]。

邱威、姜志德（2008）在研究森林碳汇服务物理关系的基础上，提出应该建立与之相应的市场化机制。对供给者和供给量、需求者和需求量、交易对象、交易机制、交易成本、政府的作用这几个森林碳汇市场要素进行了论述，并设计了森林碳汇市场运行的机制。研究认为森林碳汇服务的市场化会促进碳汇产权化，结束无限制地进行碳排放的状态[34]。

谢朝柱、谢林（2009）认为应对气候变化，解决温室气体问题的途径：一是较少温室气体排放量，二是增加对温室气体的吸收。森林在吸收和储存二氧化碳方面具有不可替代的作用：森林碳汇的优势是空间大，森林碳汇的功能是机制好，森林碳汇的作用是效益高[35]。

陈建成、程宝栋（2009）认为当前低耗能、低排放、低污染的“低碳经济”成为世界关注的焦点，在发展低碳经济中，森林发挥着越来越重要的作用。森林资源的数量与质量是国家发展低碳经济的重要保证。尽管我国森林资源总量增长较快，但是还存在着森林资源人均占有量低、分布不均、结构不合理、森林资源保护不力等问题，因此必须通过继续扩大森林面积、提高森林资源质量、加强森林保护、合理利用森林资源等方式来推动森林资源在发展低碳经济中更好地发挥作用[36]。

贺庆棠（2009）认为低碳经济是经济发展的最佳模式之一，低碳消费方式是低碳经济的重要环节。发展低碳经济的核心是掌握低碳技术，除了节能减排技术、二氧化碳的捕捉和封存技术、无碳能源技术等以外，最值得重视的是与林业密切相关的生物固碳技术，通过持续的造林、经营和保护森林来发挥森林的吸碳固碳功能，促进低碳经济的发展[37]。

李怒云（2009）认为中国的碳汇林业已经开始了实践，具体表现在中国大规模的造林、实施了清洁发展机制林业碳汇项目、建立了中国绿色碳基金。提出通过落实国家方案、编制林业行动计划建立全国统一的森林碳汇计量检测体系、建立碳汇计量检测队伍、开展碳汇造林注册登记、促进林业低碳经济试点等方式来加强碳汇林业的管理[38]。

朴世龙、方精云、黄耀（2010）利用地面清查结合遥感技术、生物地球化学模型、大气反演模型三种方法对中国陆地生态系统碳收支进行了测量，并得到了相似的结果。结果表明，从生态系统类型来看，我国森林生态系统的吸碳储碳量最大，占整个陆地生态系统的50%左右，其次是灌木生态系统，占30%左右；从区域分布来看，过去20年，东北地区的陆地碳储量呈较少趋势，而东南和西南地区碳储量占陆地生态系统碳储量的主要部分。研究认为，中国陆地生态系统碳储量增加的主要原因是人工林的增加、区域气候变化、植被的恢复[39]。

1.2.4 国内外研究现状评述

国内外许多专家和学者致力于低碳经济的研究，从低碳经济的概念、实质、发展模式、产业结构、节能减排、能源结构、碳排放等多个角度进行研究。但由于研究起步较晚，还没有形成完善的理论系统，在实践上也还有很多问题需要解决。我国对于低碳经济的研究近几年才刚刚开始，还处于概念介绍、现象分析和对策研究的肤浅阶段，其研究比较零散，缺乏系统性和完整性。

(1) 低碳经济研究领域偏向于工业。当前的低碳经济研究主要还是从节能减排的角度出发，主要研究高污染、高消耗的工业产业，特别是能源依赖型产业。对于系统地阐述林区发展低碳经济的研究较少。

(2) 低碳经济应用研究偏向于技术。当前对低碳经济的应用研究，无论是在林业领域还是在其他领域都偏向于低碳技术，主要集中在太阳能、风能、生物质能等低碳基能源或无碳基能源对化石燃料的替代技术研究，以及捕碳和储碳技术研究。

(3) 林业中的低碳研究偏向于森林碳汇。当前国内外的研究都认可了森林资源在应对气候变化和发展低碳经济中的重用作用，但基本上都是从碳汇的角度出发，加大植树造林力度，建立碳排放交易制度，增强森林的吸碳固碳功能等。这些研究为中国森林碳汇的计量和交易提供了理论基础和技术保障，突出了森林在发展低碳经济中的重要功能。但是，当前从区域角度出发，将林业产业发展、产业结构调整、清洁能源开发、环境建设以及消费方式等方面结合发展低碳经济，创新符合中国国有森工林区实际的低碳经济发展模式的研究在国内尚显薄弱。

1.3 研究思路和研究内容

黑龙江国有森工林区是以森林资源为主的传统产业，在当今全球降低二氧化碳应对气候变化的时代背景下，在林业改革和林区经济转型的环境中，黑龙江国有森工林区应利用自己的资源优势，探索经济又好又快发展的新思路，充分发挥林业的生态效益、社会效益和经济效益。本研究以黑龙江国有森工林区低碳经济发展诉求为切入点，结合林区实际情况，在对林区二氧化碳排放测算和林区碳排放驱动要素及主要驱动要素影响因素的实证研究基础上，构建黑龙江国有森工林区低碳经济发展模式，为黑龙江国有森工林区建设资源节约型和环境友好型社会提供了可实现的途径。最后研究了黑龙江国有森工林区低碳经济发展模式实施的保障机制。具体来讲，全书分为七个部分：

第1章：绪论。论述了黑龙江国有森工林区低碳经济发展模式的研究背景、目的、意义；对国内外的相关研究进行了论述和评价；介绍了本书的研究思路、主要内容、研究方法和技术路线以及本书的创新点。

第2章：理论基础与研究框架。本章首先对循环经济理论、低碳经济理论、区域经济理论、生态经济理论和林业经济理论进行了简要的论述，然后对黑龙江国有森工林区和森工企业的情况进行了介绍，最后结合相关经济理论和林区的实际情况，构建了黑龙江国有森工林区低碳经济发展模式研究的理论框架。

第3章：国内外低碳经济发展经验借鉴。对世界上主要的几个国家低碳经济发展情况进行了介绍和分析。由于中国低碳经济起步较晚，目前从区域层面特别是林区还没有较为成熟的低碳经济发展模式，因此仅对中国发展低碳经济过程中的低碳项目进行了介绍。国内外低碳经济发展的理论与实践为黑龙江国有森工林区低碳经济发展模式的构建提供经验借鉴。

第4章：黑龙江国有森工林区低碳经济发展诉求。本章首先论述了全球气候变暖、二氧化碳排放量增加与人类社会经济发展的关系，论证了探索一条低碳发展之路是实现人类可持续发展的必由之路。然后从森林自身特殊的自然属性出发，论述其在吸收二氧化碳上有着不可替代的作用，这是林区发展低碳经济最大的潜力。但是从全球来看，林业作为一个产业依然是高碳产业，林区作为一个经济发展整体依然沿袭高碳经济发展模式。最后，运用KAYA模型，测算了黑龙江国有森工林区二氧化碳排放量，通过分析论证了当前黑龙江国有森工林区经济发展依然以高碳经济模式为主。

第5章：黑龙江国有森工林区驱动要素实证分析。在第四章的基础上，运用KAYA模型，论证了人口数量、经济发展、能源强度、单位能源碳排放四个驱动要素对黑龙江国有森工林区碳排放的影响方向和程度，通过分析得出经济发展和能源强度是影响黑龙江国有森工林区碳排放的两大主要驱动要素。进一步运用回归分析，对这两大主要驱动要素的影响因素进行深入分析，得出工业发展水平、林业发展水平和产业结构优化程度对黑龙江国有森工林区经济发展起着显著作用，能源消费结构和技术进步则对黑龙江国有森工林区能源强度起着重要影响。通过实证分析为进一步构建黑龙江国有森工林区低碳经济发展模式提供支持。

第6章：黑龙江国有森工林区低碳经济发展模式构建。在黑龙江国有森工林区低碳经济发展模式指导思想、原则和选择因素的指导下，在理论分析的基础上以低碳经济发展内容为依据，在实证分析的基础上以产业结构升级和能源结构调整为重点，构建了黑龙江国有森工林区低碳经济发展模式——森林培育生态化模式、森林碳汇模式、森林生态旅游休闲模式、森林生态文化产业模式、林产工业低碳重塑模式、产业结构低碳调整模式、清洁能源开发利用模式、人居生活低碳导向模式。这八个模式各有侧重点，通过这八个模式构建黑龙江国有森工林区完备的生态体系、发达的产业体系和和谐的文化体系，最终促进黑龙江国有森工林区低碳经济的发展。

第7章：黑龙江国有森工林区低碳经济发展模式运作的保障机制。通过政府引导的推动机制、企业创新的牵引机制、政策倾斜的催化机制、技术支持的动力机制、人才聚敛的保障机制来保障黑龙江国有森工林区低碳经济发展模式的良好运行。

1.4 研究方法与技术路线

1.4.1 研究方法

(1) 调查研究法。进行实地调研，通过走访、座谈等方式获得第一手资料和研究数据，为实证研究和定量研究奠定基础。

(2) 文献分析法。通过电子数据库，查阅低碳经济、林业经济、循环经济、生态经济、区域经济等方面的相关文献，对中外有关资料进行对比和分析，深度挖掘在林区发展低碳经济的可行性。

(3) 统计分析法。运用截面分析与时间序列分析，对大量的原始数据资料进行了加工和提炼，分析黑龙江国有森工林区资源状况、能源消耗情况和经济发展状况等，为实证研究提供了基础。

(4) 规范研究与实证分析相结合。按照逻辑关系，通过理论分析和实证研究，构建了黑龙江国有森工林区低碳经济发展模式，在此基础上构建了其运行的保障机制，使本项目既有严谨的科学性，又有较强的可操作性。

(5) 对比研究。通过对国内外低碳经济低碳区域发展进行比较研究，为黑龙江国有森工林区实施低碳经济发展模式提供经验借鉴。在实证研究中，通过黑龙江国有森工林区的情况与黑龙江省的整体情况的对比，对黑龙江国有森工林区的发展水平进行准确定位。

1.4.2 技术路线

本研究采取“背景研究—文献与数据—理论研究—比较研究—实证研究—应用研究”的逻辑思路进行深入研究（见图 1-1）。

1.5 本书的创新点

（1）研究导向上具有创新性。当前低碳经济是研究的热点，但低碳经济的研究主要集中在产业层面，而从区域经济、社会和环境的视角对低碳经济发展进行全面、系统研究的成果不多，分别从上述三个视角的零星研究目前也大多限于低碳城市层面。基于区域视角从产业发展、能源结构、人居环境和消费层面对国有森工林区低碳经济研究是本书的新拓展。

（2）构建黑龙江国有森工林区低碳经济发展模式研究的理论框架。该框架以科学发展观为指导，运用循环经济、低碳经济、生态经济、区域经济和林业经济等理论，在对资源节约、环境友好、居住生态、经济健康发展和民生持续改善的社会主义新林区建设要素分析的基础上，在政府推动、企业牵引、政策催化、技术支撑和人才保障等机制的作用下，通过森林培育生态化、森林碳汇、森林生态旅游休闲、森林生态文化产业、林产工业低碳重塑、产业结构低碳调整、清洁能源开发利用和人居生活低碳导向等模式的运作，全面推进黑龙江国有森工林区低碳经济发展模式的进程，实现低碳经济的发展目标，构建

研究背景、目的、意义、国内外研究现状、研究方法
背景研究
文献阅读、社会调研
文献与数据
生态经济理论
循环经济理论
低碳经济理论
林业经济理论
区域经济理论
理论研究
低碳经济发展模式研究的理论框架
国内外低碳经济发展经验借鉴
比较研究和经验借鉴
黑龙江国有森工林区低碳经济发展诉求
黑龙江国有森工林区碳排放驱动要素实证分析
实证研究
黑龙江国有森工林区低碳经济发展模式的构建
应用研究
黑龙江国有森工林区低碳经济发展模式的保障机制
结论

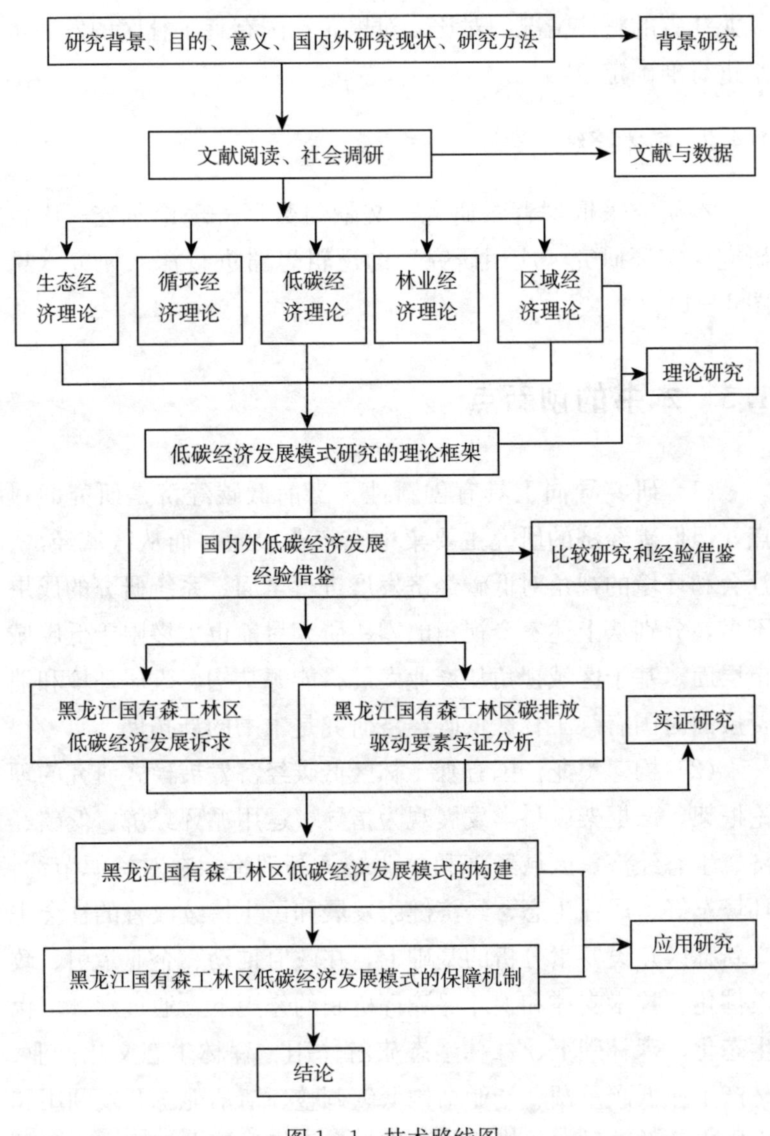

图 1-1　技术路线图

可持续发展的生态化社会主义新林区。

（3）对黑龙江国有森工林区二氧化碳排放量和碳排放驱动要素及主要驱动要素的影响因素进行了实证分析。运用KAYA模型测算黑龙江国有森工林区二氧化碳排放量，进一步分析黑龙江国有森工林区碳排量的驱动因素。运用多元回归分析，对黑龙江国有森工林区影响碳排放的两大主要驱动因素——经济发展和能源强度进行了实证研究，深入论证这两大驱动要素受哪些因素的影响，为黑龙江国有森工林区低碳经济发展模式的构建和对策研究提供更可靠、更具体的依据。

（4）构建了黑龙江国有森工林区低碳经济发展模式。以前面规范分析与实证分析为依据，在阐述黑龙江国有森工林区低碳经济发展模式构建的指导思想、原则和选择因素的基础之上，构建了黑龙江国有森工林区低碳经济发展模式——森林培育生态化模式、森林碳汇模式、森林生态旅游休闲模式、森林生态文化产业模式、林产工业低碳重塑模式、产业结构低碳调整模式、清洁能源开发利用模式、人居生活低碳导向模式，从不同方面为黑龙江国有森工林区低碳经济发展提供可实现的路径。

2　本研究的理论基础与研究框架

低碳经济发展模式作为一种新兴的经济发展模式，能有效解决经济发展与环境、能源之间的矛盾，也能有效减缓与适应气候变化，因此是一种极具竞争力和发展潜力的经济发展模式，对于当前林区经济转型和突破林业改革瓶颈具有重要的积极作用。本章对相关理论进行论述，为黑龙江国有森工林区低碳经济发展模式的构建提供理论基础。在对理论研究和林区当前情况介绍的基础上，以林区实施低碳经济发展模式的意义和低碳经济发展模式的分类依据为铺垫，构建了黑龙江国有森工林区低碳经济发展模式研究的理论框架，为后续构建林区低碳经济发展模式提供了理论支持和研究思路。

2.1　基础理论

2.1.1　低碳经济理论

2.1.1.1　低碳经济的概念和内涵

在全球二氧化碳排放量持续升高和缓解气候变化的大环境下，低碳经济作为 21 世纪初一种新兴的经济发展模式，在协调经济、资源与环境之间的关系上表现出了强大的竞争力，已经成为各个国家和众多学者们研究的重点。由于兴起的时间不长，当前对低碳经济的研究尚处于起步和探索阶段，因此其理论体系还不够成熟和完善。

低碳经济（Low-Carbon Economy），这一概念最早出现在英国政府文件——英国能源白皮书《我们能源的未来：创建低碳经济》中，其认为“低碳经济是通过低消耗和低污染以获得高产出，通过应用先进的技术来推动经济的发展”[4]。对于什么是“低碳经济”，国内也有很多学者从不同角度对其进行了概括和总结。庄贵阳认为“低碳经济是碳生产力达到一定水平的经济形态，实质是能源效率的提高、能源结构的优化、消费行为的理性，核心是制度创新和技术创新，目标是减缓气候变化和促进人类的可持续发展”[10]。付允等认为“低碳经济的发展模式就是在实践中运用低碳经济理论组织经济活动，将传统经济发展模式改造成低碳型的新经济模式。低碳经济发展模式的重点在低碳，目标是发展，特征是三低三高，宏观层面体现为以低碳发展为方向，中观层面体现为节能减排为方式，微观层面体现为碳中和技术为方法”[11]。张坤民认为“低碳经济既是经济问题，又是环境问题，还是社会问题。21 世纪应以应用创新技术为主，通过低碳经济模式和低碳生活方式，来实现人类和经济的可持续发展”[12]。方时姣指出“低碳经济是经济发展的碳排放量、生态环境代价及社会经济成本最低的经济，是一种能够改善地球生态系统自我调节能力的可持续性很强的经济”[14]。尽管学者们研究的角度不同，给出的“低碳经济”概念也有所差别，但都蕴含了同样的要素：低耗高效、制度创新、低碳技术、可持续发展。

因此，结合国内外学者的观点，本研究认为低碳经济是指通过制度创新和技术创新，改善能源结构和调整产业结构，从而实现一种以低消耗、低污染、低排放和高效能、高效率、高效益为特征的可持续发展模式。

从低碳经济的概念可以将低碳经济的内涵概括为以下几个方面：①制度创新是低碳经济发展的保障。传统经济模式下的制度在发展低碳经济的过程中势必暴露出一些旧制度弊端和对这种新型经济发展模式的阻碍，因此低碳经济的发展需要一套与之相配套的制度，通过制度创新，逐渐完善符合低碳经济发展模式的制度，才能保证和促进低碳经济的发展。②技术创新是低碳经济发展的支撑。“科学技术是第一生产力”，当前低碳技术水平成为衡量国家核心竞争力的一个重要标志。低碳技术的创新主要包括节能减排技术、可再生能源技术、清洁能源技术、碳捕获和封存技术等的创新以及一些延伸的产业体系低碳化的技术创新。③能源低碳化是低碳经济发展的核心。能源结构决定经济结构，以化石能源为主的能源结构意味着经济发展依然在走高碳经济发展模式，实现低碳化、有序的能源结构是实现传统经济向低碳经济转型的核心，以低碳或无碳能源为主的能源结构是实现低碳经济的重要标志。④产业低碳化是低碳经济发展的载体。低碳产业发展规模的大小、质量的高低决定着低碳经济发展的水平，产业低碳化必将带来产业结构的调整，高碳产业向低碳化转型，新型产业、高新技术产业发展迅速，低碳产业成为新的经济增长点。⑤“三高三低”是低碳经济发展的特征。低碳经济是一种以低消耗、低污染、低排放和高效能、高效率、高效益为特征新型经济发展模式。⑥可持续发展是低碳经济发展的目标。通过发展低碳经济，协调经济发展与资源、环境之间的矛盾，最终实现人类的可持续发展。

2.1.1.2 低碳经济的发展历史

低碳经济的发展起源于气候变化对人类社会发展带来的不利影响，在全球为缓解气候变暖的努力中，低碳经济随之萌芽发展。1992 年 6 月在巴西里约热内卢举行的联合国环境与发展大会上，150 多个国家制定的《联合国气候变化框架公约》是世界上第一个为全面控制二氧化碳等温室气体排放，应对全球气候变暖给人类经济和社会带来不利影响的国际公约，奠定了应对气候变化国际合作的法律基础。1997 年 12 月，《联合国气候变化框架公约》第 3 次缔约方大会上，149 个国家和地区的代表通过了旨在限制发达国家温室气体排放量以抑制全球变暖的《京都议定书》，《京都议定书》于 2005 年正式生效，这是人类历史上首次以法规的形式限制温室气体排放。降低温室气体的排放，必将对各个国家的产业、能源、技术、经济发展模式产生重要的影响。2003 年，英国在政府文件英国能源白皮书《我们能源的未来：创建低碳经济》中提出“低碳经济”的概念。百年的工业化进程使这个资源并不丰富的岛国从资源的自给自足逐渐转向依靠进口，能源安全的威胁，气候变暖带来的一系列问题，使英国意识到调整能源结构，建立以低污染、低消耗、高效率的低碳经济必要性和紧迫性。在能源白皮书中，英国宣布能源战略的首要目标是实现低碳经济，计划到 2050 年，英国将转型成为一个低碳经济国家。2007 年，美国参议院提出了《低碳经济法案》，美国低碳发展政策主要集中在节能增效、开发新能源、应对气候变化等方面，表明美国政府将低碳经济发展模式作为重要的战略选择。2007 年 12 月，联合国气候变化大会在印尼巴厘岛举行，15 日会议最终通过了名为“巴厘岛路线图”的决议。该决议主要包括以下几点内容：一必须大幅度减少温室气体排放，到 2020 年前，温室气体排放量较之 1992 年减少 25%～40%；二应于 2009 年前对气候变化谈判问题达成新协议；三支持发展中国家保护环境，减少森林砍伐等，鼓励发达国家向落后国家转让环保技术等。“巴厘岛路线图”不仅是人类应对气候变化历史上的一个里程碑，也促进了全球进一步发展低碳经济。2009 年 12 月，哥本哈根气候大会召开，192 个国家和地区代表与会，商讨

《京都议定书》一期承诺到期后的后续方案，并达成《哥本哈根协议》，该协议维护了《联合国气候变化框架公约》及《京都议定书》确立的“共同但有区别的责任”原则，就发达国家实行强制性减排和发展中国家采取自主减缓行动做出安排，并就全球长期目标、资金和技术支持、透明度等问题达成广泛共识。

在中国，低碳经济也在逐步发展。2007 年 6 月，中国政府发布《中国应对气候变化国家方案》，阐述了中国在 2010 年前应对气候变化的对策。2007 年 9 月胡锦涛主席在亚太经合组织（APEC）会议上明确主张“发展低碳经济”、研发和推广“低碳能源技术”“增加碳汇”、“促进碳吸收技术发展”。2007 年 10 月，中共十七大召开，将“建设生态文明”写入十七大报告中。2008 年 10 月，中国政府发布《中国应对气候变化的政策与行动》白皮书，介绍了中国减缓和适应气候变化的政策和行动。2009 年 1 月，中央 1 号文件提出，要发展“碳汇林业”，从而明确了森林资源在中国发展低碳经济之路中重要位置。2009 年 11 月，中国政府宣布 2020 年单位 GDP 二氧化碳排放比 2005 年下降 40%～45%的目标。2011 年中国《“十二五”规划纲要》中也明确指出“增强危机意识，树立绿色、低碳发展理念，以节能减排为重点，健全激励与约束机制，加快构建资源节约、环境友好的生产方式和消费模式，增强可持续发展能力，提高生态文明水平”。

综上所述，低碳经济不仅是一种发展模式，还是一种发展理念，发展低碳经济不仅是一个经济问题，还是一个科学问题，低碳经济解决的是跨越经济领域、环境领域和资源领域的综合性问题。虽然当前对低碳经济理论的研究还比较零散，理论体系还不够系统，但低碳经济巨大的发展潜力和广阔的发展前景，必将促进其理论研究逐渐成熟和完善。

2.1.2 循环经济理论

2.1.2.1 循环经济的概念和内涵

循环经济（Cyclic Economy）是一个封闭的物资流动型经济，是指在人、资源、技术这个系统内，在投入、生产、消费及废弃的过程中，通过依靠资源的循环来降低污染，减少资源消耗，保护环境，发展经济，实现社会、经济和资源的可持续发展。循环经济是以生态经济学原理和系统集成战略为基础的经济增长模式，核心思想是资源的高效利用和循环使用，特征是低开采、高利用、低排放，遵循输入端减量化（Reduce）、过程中再利用（Reuse）、输出端再循环（Recycle）的“3R”基本原则。目的使资源既满足当代人的要求，又不会对后代人的发展构成威胁。

传统经济物资流走的是一个“资源—产品—废弃物资”的单向直线过程，这种物资流动方式造成了财富创造越多，资源消耗量越大，产生的废弃物资也越多，对环境的破坏越严重。这种大量生产、大量耗费、大量废弃的传统经济模式已经不适合当前经济、社会、环境的可持续发展。循环经济是将经济活动组成一个“资源—产品—再生资源”的反馈式流程，在这个封闭的系统内，通过物资循环，促进资源的永续利用，从而以更低的资源消耗和环境成本，获得更大的经济效益和社会效益，同时使经济系统和资源系统和谐发展，以实现人类的可持续发展。

循环经济是以低开采、高利用、低排放为特征。在资源开采方面，通过大力提高资源综合开发和回收利用效率，来降低对有限资源的耗用；在资源消耗方面，通过提高资源利用效率，以达到对耗费资源的最大利用；在消费方面，反对浪费，提倡节约和绿色消费；在废弃物资产生和再生资源生产环节，要大力回收和循环利用各种废旧资源，通过提高资源的综合利用率，来提高对废弃物资和可再生资源的利用效率。

循环经济要求人们改变传统经济发展的观念，在生产和消费的同时要充分考虑自然生态系统的承载力，尽可能地节约资源，提高资源利用率，通过循环利用资源，创造良性的社会财富。在生产和消费具体操作层面上循环经济要求遵循“3R”原则，即：减量化（Reduce）、再利用（Reuse）、再循环（Recycle）。资源利用的减量化原则要求在生产的投入端用尽可能少地资源和能源达到既定的生产目标，从而在经济活动的开端就注意节约资源和降低污染。比如在农业生产领域集约利用土地、间种、套种等高效栽培技术，在工业领域产品设计的小型化和轻型化，产品包装的朴实简单化等。产品的再利用原则要求尽可能延长产品的使用周期，并尽可能多次使用，避免其过早地成为垃圾。比如，在生产领域余热再利用，中水回用等，在消费领域尽量减少一次性产品的使用。废弃物的再循环原则要求最大限度地减少废弃物的排放，力争做到排放的无害化。尽量使物品在完成其使用价值后，能重新变成可以利用的资源而不是无用的垃圾。同时尽可能利用可循环再生资源替代不可循环再生资源。比如在农业生产领域，农作物的种植、畜禽、水产养殖等通过技术实现农业循环产业链，工业领域围绕废弃物资和副产品，通过对可再生资源的生产和对回收物资的综合利用，延长产业链条。

2.1.2.2 循环经济的发展历史

20世纪60年代美国学者肯尼斯·鲍尔丁（K·Boulding）提出的宇宙飞船经济理论蕴含了循环经济思想的先声，它将地球看成一个巨大的宇宙飞船，人口和经济的无序增长带来了资源的大量耗费、污染的增加等，由于这个封闭的飞船上资源和生产能力有限，如果不能合理开发资源、保护环境，这艘宇宙飞船就会坠落，因此必须在船舱内建立一个具有极完善的物资循环和更新性能的循环系统，通过这个循环系统物资和能量的运动来满足人类生存和发展的需要[40]。20 世纪 90 年代开始，众多学者对循环经济进行了更为广泛和深入的研究。Pearce，D. W（大卫·皮尔斯）&T unrer，R. K（图奈）于 1990 年首次提出了“循环经济”一词，他们认为环境不再是传统的影响经济发展的外部制约性因素，而是作用于经济内部的新的生产要素，环境具有资源基础功能、生命支持系统功能、经济活动承载功能、提供舒适性功能，并且这四大经济功能相互联系、相互影响。通过环境的四大经济功能的链接，进行环境外部性定价，为实现循环经济提供条件[41]。1993 年，联合国环境大会提出人类要走可持续发展之路，从而使循环经济作为实现可持续发展的途径得到了世界普遍的关注。随后一些“产品生命周期”、“零排放企业”等体现循环经济理念的实践迅速发展，是循环经济理论与实践取得了实质性的进步。

国内循环经济的发展始于 20 世纪 90 年代。周宏春认为循环经济就是通过废弃物和废旧物资的循环再生利用来发展经济，在这个过程中要投入最少的资源，通过循环利用，排放到环境中的废弃物要降到最低，从而对环境的破坏降至最小，即循环经济是一种低投入、高效益、低排放的经济发展方式。曲格平认为，循环经济就是根据自然资源和环境容量，将生产与废弃物的综合利用融为一体来发展经济，通过资源投入的减少和废弃物的循环，逐步缓解环境与经济社会发展之间的尖锐矛盾。党的十六届三中全会上胡锦涛提出“要加快转变经济增长方式，将循环经济的发展理念贯穿到区域经济发展、城乡建设和产品生产中去，使资源得到最有效的利用。”“十一五”规划也把大力发展循环经济作为社会主义建设的基本方略。2003年1月1日中国正式实施《清洁生产促进法》，2009年1月1日中国正式实施《循环经济促进法》，循环经济法制的逐渐完善，保障了循环经济理论与实践在中国的顺利发展。2002年3月，作为中国重工业基地之一的辽宁省被正式确定为第一个发展循环经济的试点省份，随后各个省市开始大力发展循环经济。随着一批批农业生态园区、工业生态园区的兴起，循环经济在中国发展迅速。

2.1.3 生态经济理论

2.1.3.1 生态经济的概念和内涵

生态经济（Ecological Economy）是指在生态系统承载能力范围内，将经济学与生态学有机地结合起来改变生产方式和消费方式，以实现自然生态和人类生态高度统一的一种新经济发展模式。它通过挖掘资源潜力，培育经济发达、生态高效的产业，在促进社会经济平衡的基础上实现持续稳定发展。

生态经济是一个由自然资源系统、经济系统和社会系统组合成的复合生态系统，在这个系统内，运用系统工程方法，系统有序地进行物资流动，能量转换和信息反馈，同时发挥生产、生活、供给、消费、控制等功能，从而使自然、经济、社会在这个复合生态系统内实现良性循环，实现生态效益、经济效益和社会效益的统一。

生态经济具有时间性、空间性、效率性三大特征。生态经济理念认为自然资源的开发与利用应该在时间上具有可持续性，在对待自然资源的权利上应该拥有代际公平，即后代人跟当代人一样享有对自然资源的使用权，当代人不应该为了自己的生活牺牲后代人的利益，应为后代人留下宽松的生存空间。空间性是指生态经济理念认为资源的开发与利用在空间上同样要具有可持续性，即区域资源开发与利用的平衡发展，一方面一个区域资源需求和区域发展不能以破坏其他区域资源开发与利用为条件；另一方面，不同区域间某些资源可以实行共享与共建。效率性是指是通过技术手段，优化资源配置，通过“低耗、高效”的资源利用方式，提高资源产出率，来确保经济增长的资源与环境条件。

生态经济的本质就是把经济发展建立在生态环境可承受的范围之内，实现经济和生态保护的“双赢”。在发展生态经济的过程中既要遵循经济规律更要遵循生态规律，合理开发与利用自然资源，将发展经济与生态建设有效地结合起来，在资源可持续利用的基础上发展经济，美化环境。

2.1.3.2 生态经济的发展历史

生态经济是 20 世纪 60 年代后期产生的一门生态学和经济学交叉的新兴学科。随着人口激增、生产力飞速发展的同时生态环境遭到较大破坏，而生态环境恶化又反过来阻碍了经济和社会的进一步发展，因此越来越多的研究者认识到社会经济发展要与其生态环境相适应是人类社会发展必须遵循的规律。1962 年，美国学者蕾切尔・卡逊（R・Carson）《寂静的春天》一书，揭示产业革命以来，经济增长模式所倡导的“向自然宣战”、“征服大自然”理念，使人类活动对环境的造成了巨大的污染和破坏，人类发展与自然环境矛盾重重，她认为大自然不应该是人们征服和控制的对象，而应该是保护与之和谐相处的对象，第一次结合经济社会问题进行生态学研究[42]。1966 年，美国经济学家肯尼斯・鲍尔丁（K・Boulding）在《一门科学——生态经济学》中首次提出了“生态经济学”概念，提出运用市场经济运行机制控制人口增长、调节资源开发、进行消费品分配、防止环境污染等是生态经济学的主要内容[43]。1972年，丹尼斯·米都斯（D·Meadows）发表了《增长的极限》一书，该书也是环境保护运动的先驱组织、著名的罗马俱乐部的提出的第一份研究报告。报告认为由于地球的有限性，增长是有极限的，如果按现在的趋势继续增长下去，将会给人类的生存和发展带来不可控制的衰退，报告提出人口问题、粮食问题、资源问题、生态平衡等问题将成为引起全球发展的共同问题，其中任何一个问题的发展都影响其他几个问题，必须改变现有的增长模式，建立稳定的经济条件和生态环境，维持全球均衡发展[44]。

生态经济学在中国的研究起步于20世纪70年代末80年代初，正值中国改革开放刚刚开始。中国很多经济学研究者和生态学研究者投入到这一崭新领域的研究中，推动者这一学科在中国的发展。1980年8月，著名的经济学家许涤新发起召开了第一次生态经济座谈会，标志着生态经济学在中国的建立。1982年11月，在南昌召开了中国首届生态经济科学讨论会，众多研究者从经济学、生态系、环境学、农学、林学等不同角度出发，论证经济社会发展与生态环境的关系。1984年2月，在北京召开了全国生态经济科学讨论会暨中国生态经济学会成立大会，研究者们围绕人类发展与自然生态之间关系为主体，跨学科论述了经济系统与生态系统的协调发展。提出了以生态与经济协调发展为核心的新观点来指导我国的社会主义建设。90年代以后，生态与经济协调发展论已经成为当代中国生态经济理论的主流。进入21世纪以后，生态经济协调发展论的广度和深度进一步拓展和深入，逐步向循环经济理论和可持续发展理论中渗透和融合。

2.1.4 区域经济理论

2.1.4.1 区域经济的概念和内涵

区域经济（Regional Economy）在一定地域范围内，经济发展的内外部因素相互作用而产生的社会经济综合体。区域经济运用经济学的观点，揭示区域与经济相互作用的规律，研究一定区域范围内，市场经济条件下经济的发展、生产力的布局、区域优势以及在区域优势的基础上实现资源的优化配置，从而提高区域的整体经济效益。

区域经济的发展是内部因素与外部条件共同作用的结果。每一个区域的经济发展都受到自然资源状况、社会经济条件和政策环境影响。区域自然资源禀赋、气候、土地特征、灾害频率等自然资源状况都影响区域经济的发展水平；在一定生产力水平下，区域投入的资金、劳动、技术等制约区域经济的发展程度；区域内外的法律法规、经济政策、技术政策、政治环境等也对区域经济的发展起到了十分重要的作用。

区域经济的运行是指对区域内有限的资源要素进行合理配置的过程，它是通过区域内所有经济要素的有序运动来实现的。构成区域经济运行的基本要素主要包括以下几个方面：①区域经济的基本经济单元，包括市场主体、经济核心区、边缘区、经济要素流通网络。市场主体是经济发展的主角，包括供应方与需求方；核心区是区域内推动经济发展的重要力量的集聚区域，它不仅本身具有很强的发展能力，还能通过辐射发展，带动周边经济的发展；边缘区是指区域内的周边或边缘经济成分，它自身发展能力较弱，但可以通过核心区的带动加快发展的脚步；经济要素流通网络是保证各种资源、劳动、技术能够顺利运动的相互交叉的网络结构状的通道。②资源的空间配置和产业配置，是区域经济运行的基本内容。有限的资源在空间和产业间进行合理的配置，是区域经济健康发展的必要条件。③成熟市场和技术水平。各种资源要素在行业、产业和地域间的流通是需要以市场供求联系和经济技术联系作为纽带的，因此区域经济的运行需要依托健全的市场体制和高技术水平。

区域经济的特点：①综合性。区域经济是一种综合性的经济发展的理念，不仅包括工业、农业等生产部门，还包括提供劳动服务的非生产部门；不仅包括直接从事经济的活动，还包括政府的宏观调控、引导等间接从事的经济活动；区域经济的效果不仅要反映在经济指标上，还要综合考虑区域生态效益，反映在社会发展的总体指标上。②层次性。从宏观的国民经济总体到微观的基本经济单位，区域经济在空间上可以被分成不同层次。③经济联系的双重性。区域内的经济主体之间的联系，一方面通过市场机制形成，这是区域内经济联系的主要通道；另一方面，通过政府的调控、引导功能实现的联系，这是辅助渠道。④资源共享性。区域外部存在这两种共享资源：一是与全国其他区域共享的国内资源；二是共享的国际资源。

区域经济的发展应考虑以下 4 个方面：①国家经济发展的总体布局以及该区域在国家经济发展中的地位和作用。②从自然资源状况、社会经济条件和政策环境等因素考量地区经济发展的规模和速度是否符合当地的实际情况。③协调区域内各产业发展和整个区域经济的发展。④生产部门要与非生产部门要相互适应发展，特别是科教文卫的基础设施的建设要跟上经济发展的速度。

2.1.4.2 区域经济的发展历史

区域经济的形成和发展最早源于1926年德国经济学家约翰·杜能（J·Thunen）提出的农业区位论，在其著作《孤立国同农业及国民经济之关系》中认为在土质条件、肥沃程度、交通条件等相同的条件下，由于农场距城市远近不同，农业的经营方式也不同，农业收益也就有所差别。因此，农业生产方式要根据城市的距离进行空间配置，即在城市近处主要生产体积大、易腐烂的农业消费品，而距城市越远，越考虑运费较小消费品，这样在城市的周围就形成了一圈圈的以某一农作物的为主的同心圈结构，以城市为中心，由远及近形成了6个同心圈：自由式农业圈、林业圈、轮作式农业圈、谷草式农业圈、三圃式农业圈、畜牧业圈[45]。奥古斯特·廖什（A·Losch）于1940年发表的《经济的空间分布》提出了市场区位理论。他将均衡思想引入区位分析中，把市场需求作为变量来，研究了市场区位体系与工业企业利润最大化的区位，以及市场规模与市场需求对区位选择和产业配置的影响。认为工业区位的选择应是能获取最大利润的市场地域范围内，最佳区位应该是最大利润地点[46]。1965年，美国经济学家威廉姆逊（J·Williamson）在其发表的《区域不平衡与国家发展过程：一个描述模型》一文中提出了倒“U”形理论。他将收入分配倒“U”形假说引入到区域经济发展研究中，通过截面和时间序列分析，结果表明区域增长差异与区域经济发展水平之间存在着倒“U”形关系，即：在经济发展的初期阶段，区域增长差异并不大；随着经济的增长，区域差异逐渐扩大；而经济发展进入成熟期后，随着资本要素从发达地区向不发达地区回流，区域差异逐渐减小[47]。美国规划学家约翰·弗里德曼（J·Friedmann）于1966年提出了核心—边缘理论，进一步丰富了区域经济理论。核心—边缘理论将区域内划分成核心区和边缘区。核心区是城市、产业、人口等的集聚区，区内工业发达、资本集中、人口密集、技术发展迅速，经济增长速度快。边缘区则是区域内发展较为落后的地区，边缘区需要依附于核心区通过核心区域带动发展[48]。

中国对于区域经济的研究始于20世纪末。中国地域范围广、地理差异大，随着中国改革开放向纵深方向发展，东部、中部与西部地区差异逐渐扩大，地区不平衡发展矛盾日益突出，中国政府先后出台了西部大开发、促进中部崛起、振兴东北老工业基地等区域发展战略，以及规划了环渤海湾经济圈、珠江三角洲经济区、长江三角洲经济区、海峡两岸经济区等区域发展规划。2010年6月，国务院通过的《全国主体功能区规划》将全国分为优化开发区域、重点开发区域、限制开发区域，不同的区域实行不同的区域发展方式，协调全国经济的发展。实践发展的同时推动了区域经济理论在我国的研究进程，众多学者从不同角度研究了中国区域经济。覃成林（1999）认为区域发展差距的存在有其必然性，这种差距对区域经济的发展有正面影响也有负面影响。在一定程度上刺激了区域发展经济的主动性和紧迫感。高志刚（2002）认为在国民经济的发展过程中，既要保持国民经济整体的高效增长，又要促进各区域的经济发展，使区域发展差异稳定在合理、适度的范围内，达到各区域优势互补、共同发展，进而促进整个国民经济的发展。李小建等（2004）认为东部的发展要与中西部联系起来，东部应集中发展高新技术产业，而将传统产业转移给中部和西部，并通过帮助中西部进行技术升级来对传统产业进行改造。陈栋生（2005）认为在大区域内划分小区域，即为提高政策和措施的针对性，在区域政策覆盖区上将一些问题比较突出的区域单独划出，从而更有效地解决问题。

2.1.5 林业经济理论

2.1.5.1 林业经济的概念和内涵

林业是指国民经济的重要组成部分，是通过培育、经营、保护和开发森林资源取得木材和其他林产品的事业。林业经济（Forestry Economy）是“林业生产建设活动和林业再生产各环节（生产、分配、流通）经济关系的总称。包括培育森林，木材、多种林特产品的生产和加工等生产建设活动及其经济关系”[49]。

林业生产以土地为基本生产资料，以森林为主要经营利用的对象，整个生产过程包括造林、育林、护林、采伐和更新、木材加工以及其他林产品的生产等。林业生产除了为经济的发展提供原材料和消费品以外，还具有水土保持、防沙固沙、净化空气、保护环境等重要功能，因此林业不仅是关乎国民经济发展的基础性产业，还是协调经济、社会、环境协调发展的公益性事业。

林业经济具有以下特点：①林业生产周期的层次性与复杂性。林业生产经营的对象是森林资源，森林资源不仅提供物资产品，还提供生态服务。这些物资和非物资产品都来自于森林资源中各种不同层次的生物体，这些生物体又各自有其不同的生长周期，从而形成不同生物体的长、中、短周期交织，也使林业生产经营的内容复杂多样。②自然再生产和经济再生产交织。在林业的生产经营中，自然力起着极为重要的主导作用，而人的活动只是对自然力的补充和完善。③风险性。林业生产经营的对象是有生命的生物资源，这些生物资源在生长的过程中要受到自身特点、自然条件、人为活动等多项因素的影响，未来成果难以预料，因此林业的生产经营具有风险性。④初期培育森林的经济依赖性。在林业生产活动的初期需要大量的资金投入，但由于林业生产经营具有周期长、风险大等特点，使前期投资很难在短期内收回，导致在一定时间段内只有投入没有产出，因此，林业的再生产需要国家财政政策和优惠的林业政策的扶持。⑤林业产出的特殊性。林业的生产经营不仅为社会提供林产品，满足经济发展和人们对木质产品的需求，同时还提供生态服务，满足可持续发展和人们对良好环境的需求。

2.1.5.2 林业经济的发展历史

随着人类文明的进程和生产的进步，世界林业的发展经历了一条“木材生产—多种功能—可持续发展”的道路。①盲目砍伐森林阶段（工业革命之前）。工业革命之前，社会以农业生产为主，随着经济发展和人口增多，对粮食的需求日益增加，因此，粮食生产是放在第一位的，这一时期对森林资源主要是破坏为主，大量的毁林种田，将林地变为耕地，满足粮食生产的需要。从严格意义来说，这一时期还没有林业经济管理。②开发天然林利用木材阶段（18 世纪中期至 19 世纪中期）。资本主义进入工业化之后，机器生产带来了生产效率的提高，工业化需要更多的原料，大量的木材作为工业原料输送到企业，由此，形成了木材业。这一时期，森林加工企业以木材砍伐为主要业务，体现了以生产为中心的经济管理模式。机械化的采伐工具，大量的人力、基础设施的修建是为了采伐量更大、劳动效率更高、利润更丰厚。③木材利用和森林培育同时进行阶段（19 世纪后期至 20 世纪初）。由于对森林的过度砍伐，各种各样的社会问题逐渐显露出来。森林数量的减少导致部分地区可采伐木材的数量趋向枯竭，可采危机又带来了一连串的连锁反应，采伐量减少导致企业收入减少，蛋糕不能做大，企业经营困难；过度采伐造成大片森林消失，破坏了生态化境，造成各种自然灾害。因此，对森林的抚育逐渐受到各国重视，对天然林的保护，加大对人工林的培育，人工林提供木材采伐逐渐成为趋势。这一管理观念的转变体现出林业不再只关注生产活动，还要考虑森林作为生态系统与环境的关系，对人类生存和发展的影响。林业管理思想开始向非生产活动转变。④多种资源利用时期（20 世纪初到 20 世纪中后期）。森林作为一个生态系统，不仅提供林木资源，还提供非林木资源。林业生产活动也不再局限于木材生产，而是多种资源的共同利用，营林、采运、加工、旅游等发展范围不断扩大。虽然这一阶段林业还是以提供有形产品为主，但以生产活动为中心的管理模式已经淡化。⑤多效益利用阶段（20 世纪末至今）。森林不仅提供给人类经济效益，还提供生态效益和社会效益，因此，这一阶段，林业进入经济、生态、社会效益综合利用阶段，并由重视经济效益逐渐转向重视生态效益和社会效益。

18 世纪德国林学家哈尔蒂希（G・Hartig）提出了木材培育论，提倡营造针叶人工单纯林，鼓励选择生产量高的树种，建立生产力高的林分，目的是追求更多的经济效益。他还认为当代人尽可能合理地利用森林，使后代人也要得到同样的利益。该理论中包含了森林永续经营的思想。1826 年，德国森林经济学家洪德斯哈根（J・Hurdeshagen）提出了“法正林”学说，法正林是实现永续利用的一种理想状态，是一种理想森林或标准森林。20 世纪初，瓦格涅尔对其进行了补充，提出了法正林的条件和实现永续生产的标准模式。1967 年，洪德斯哈根又提出了著名的森林多效益永续经营理论，认为林业的生产经营不仅要满足木材和其他林产品的需求，还要实现森林在其他方面的服务目标。20 世纪 70 年代，美国经济学家 M・

克劳森和R·赛乔等开始林业分工论的研究。他们提出了森里多效益主导利用的经营思想，并在此基础上提出了林业分工论。林业分工论通过专业化的分工，对森林资源实行分类经营：一部分森林资源与工业结合，形成现代化的林产体系；另一部分森林资源主要发挥保护生态环境的功能，形成林业生态体系。20世纪80年代，美国著名林学家富兰克林（J·Franklin）提出了新林业理论。该理论在森林生态学和景观生态学的基础上，提出建立合理的森林形态和森林结构，强调生态、社会、经济三大效益的综合发挥，优先发展生态效益。1992年联合国环境与发展大会上，第一次提出了可持续发展，大会充分肯定了森林的可持续发展在经济和环境可持续发展中所起到的不可替代的作用。

国内对于林业经济的研究始于20世纪70年代末。雍文涛（1982）认为中国和世界林业的面临着两种发展趋势，一种是向下趋势，即森林资源越来越少；另一种是向上趋势，即人们自觉的、有计划地进行森林保护和培育，合理利用森林资源。当前我们的重要任务就是采取有效措施，使森林资源的下降趋势减缓、停止，逆转，加快森林资源的上升速度，使中国林业进入良性发展轨道。在对中国林业面临的严峻形势极其原因分析的基础上，结合中国林业发展过程中已有的或正在形成的积极因素和未来发展潜力，提出了林业分工理论，认为根据森林资源的功能，将其划分成公益林和商品林，公益林主要发挥生态功能，商品林主要满足人们对木材产品的需求。并在林业分工的基础上，调整产业结构，促进产业结构的合理化和现代化，充分发挥林业发展中的经济、生态、社会的均衡发展[50]。周泽峰（1999）认为为了实现林业可持续发展的目标，应该根据现代林业要求，在林业分工理论的基础上，建立林业基金，公益林的建设资金从林业基金中支出，由政府负责，实施事业化管理，公益林主要承担向社会提供生态服务的功能；而商品林的建设应该推向市场，由企业负责，作为市场行为，主要承担向社会提供木材产品的经济功能[51]。进入 21 世纪以后，森林在吸收二氧化碳方面的功能显著，因此如何发挥林业在吸收二氧化碳、减缓气候变化中的作用成为近期研究的焦点。魏殿生（2006）认为在应对气候变化的过程中，林业碳汇被逐步推到一个重要位置。清洁发展机制下的造林再造林碳汇项目完全符合我国的可持续发展战略。贺庆棠（2009）认为低碳经济是经济发展的最佳模式之一，低碳消费方式是低碳经济的重要环节。发展低碳经济的核心是掌握低碳技术，除了节能减排技术、二氧化碳的捕捉和封存技术、无碳能源技术等以外，最值得重视的是与林业密切相关的生物固碳技术，通过持续的造林、经营和保护森林来发挥生物的碳汇功能，促进低碳经济的发展。

2.2 黑龙江国有森工林区低碳经济发展模式研究的理论框架构建

2.2.1 黑龙江国有森工林区概况

2.2.1.1 地理位置与自然资源状况

黑龙江国有森工林区是国家的重点林区之一，主要跨越南北 6 个纬度（北纬 43°30′～49°01′），东西 7 个经度（东经 127°01′～134°05′），纵贯小兴安岭、完达山、张广才岭。经营区总面积 1 006 万公顷，约占整个黑龙江省面积的 1/4。林区有林地面积 826.2 万公顷，占黑龙江省有林地 2 184.16 万公顷的 39.83%，占全国有林地面积 18 138.09 万公顷的 4.6%。

森林蓄积量 7.7 亿立方米，其中用材林近、成、过熟林蓄积量 1.16 亿立方米。林区活立木总蓄积量占黑龙江省活立木总蓄积 16.5 亿立方米的 38.18%，占全国活立木蓄积总量 145.5 亿立方米的 4.47%。森林覆盖率高达 83.9%，是黑龙江省整体森林覆盖率的 2 倍、全国森林覆盖率的 4 倍。林区内的森林植被属于长白植物区系，林区生态系统主要以地带性顶级群落阔叶红松林为主。林区内生长着多种珍稀动植物，生物多样性特征突出。其中野生动物 460 多种，包括鸟类 18 目 50 科 300 多种，兽类 6 目 20 科将近 100 种；野生高等植物 2 200 多种，包括药用植物 120 多种，人参、黄芪、刺五加、五味子等均系名贵中药材。林区内还有大量金属和非金属矿产资源以及多种食用菌。林区内生物多样性和优美的自然风光同时也为发展森林旅游提供了丰富的旅游资源，森林游、湿地游、森林公园游等项目成为近年来旅游项目的热点。

图 2-1　黑龙江森工地图

2.2.1.2　企业构成与经营情况

中国龙江森林工业集团（以下简称“黑龙江森工”）是国

家首批57户大型企业集团之一。黑龙江森工是1993年7月国家计委、国家经贸委、国家体改委［计规划］1251号文件批准成立，1994年在国家工商局进行了集团核心企业登记注册，1995年12月黑龙江省人民政府批准正式挂牌运营。该集团现有县处级以上成员单位140个。企业88个，其中51个国家大中型企业。林产工业企业19个，林业机电企业8个，建材企业2个，基建企业4个，直属企业15个。黑龙江森工下设牡丹江、合江、伊春、松花江四大林业管理局和一个带岭实验局，共计40个林业局（参见表2-1），513个林场所。林区总人口达到160多万，森工集团职工共计72.5万人，其中全民职工53.6万人，集体经济职工18.9万人。

黑龙江森工成立至今累计为国家提供木材资源4.6亿立方米，是国家重要的木材生产基地，为中国的工业化建设做出了巨大的贡献。当前，黑龙江森工形成了以营林生产、木材生产、林产工业、多种经营四大支柱产业为主体，集科、林、工、贸于一体，实行产、供、销一条龙，全面开发森林资源的生产经营体系。现有木材生产能力1 260万立方米，锯材生产能力198万立方米，人造板生产能力98万立方米。生产经营的项目主要有营林、木材、锯材、木片、人造板、家具、木制品、林化产品、造纸、制药、山野菜、野生药材、山副产品、粮食、饲料、蔬菜、肉蛋禽等农副产品、煤炭、石材，以及机械加工、建筑工程、建材、电力等23类系列产品，以及商饮服务业等第三产业。招商引资项目的方向主要是锯材、胶合板、纤维板、刨花板、地板块、集成材、家具、造纸、山野菜、制药、绿色无公害食品、养殖及加工、饲料、石材加工及森林旅游等。

表 2-1 黑龙江森工下属林业管理局

中国龙江森林工业集团		
牡丹江林业管理局	大海林林业局	柴河林业局
	东京城林业局	穆棱林业局
	绥阳林业局	海林林业局
	林口林业局	八面通林业局
合江林业管理局	桦南林业局	双鸭山林业局
	鹤立林业局	鹤北林业局
	东方红林业局	迎春林业局
	清河林业局	
伊春林业管理局	双丰林业局	铁力林业局
	桃山林业局	朗乡林业局
	南岔林业局	金山屯林业局
	美溪林业局	乌马河林业局
	翠峦林业局	友好林业局
	上甘岭林业局	五营林业局
	红星林业局	新青林业局
	汤旺河林业局	乌伊岭林业局
松花江林业管理局	山河屯林业局	苇河林业局
	亚布力林业局	方正林业局
	兴隆林业局	绥棱林业局
	通北林业局	沾河林业局
总局直属单位	带岭实验局	

计划经济体制下，黑龙江森工林区经济以木材生产为中心，国家统收统支，林区经济发展和职工生活水平跟全国基本持平。随着市场经济体制的建立，经济的快速发展大幅度增加了对原材料的需求，黑龙江森工林区依然是以木材生产为主，大量采伐木材，充裕的资源给林区带来了丰厚的经济利益流

入，林区经济有了较快发展，林区职工生活水平也有了较大提高。随着森林资源的长期大量采伐，生态环境遭到破坏，林业“两危”问题突出，可采资源减少，生态资源急需保护和恢复，以木材生产为中心的经济发展模式导致森工企业遭遇发展瓶颈，林区经济陷入困境，林区职工水平难以提高。

2.2.2 低碳经济发展模式研究的理论框架构建

2.2.2.1 黑龙江国有森工林区发展低碳经济的意义

（1）发展低碳经济是实现生态林业的必然选择。林业的功能定位在以生态建设为主的目标上，在林区发展低碳经济，就是从保护生态环境的角度出发，促进林区的发展。森林本身的特点决定其在发展低碳经济上具有优势。同时，开发新能源、林业企业采用低碳模式生产经营、生态产业转为新的经济增长点，这都将为黑龙江国有森工林区建设生态林业注入强大的新鲜活力。

（2）发展低碳经济是推动林区经济增长方式转变的需要。长期对森林资源的过度开发和对森林资源的保护意识薄弱，造成黑龙江国有森工林区林业“两危”问题突出。当前林区高消耗、高排放、低效率的增长方式削弱了林区经济可持续发展的能力。森林的生态化培育、林产工业的低碳化发展，产业结构的低碳化调整，清洁能源的开发和利用等都将推动林区经济低碳化发展，推动林区经济向低消耗、低排放、低污染的高效增长方式转变。

（3）发展低碳经济是实现可持续发展战略的重要环节。随着经济的发展，人类对自然资源的依赖不仅没有减弱，反而增强了，工业进程中消耗了大量资源，使环境恶化。“先发展后治理”的模式不能避免经济发展带来的严重问题。因此，必须走可持续发展之路，在发展经济的同时，改善环境质量，保护自然资本，满足人民不断增长的物资需求和环境质量要求。在林区发展低碳经济，通过改善能源结构、调整产业结构、提高能源效率、增强技术创新能力、增加森林碳汇等措施实现二氧化碳排放降低和经济规模持续增长的双重目标，实现环境和经济的“双赢”，推进黑龙江国有森工林区可持续发展战略。

2.2.2.2　低碳经济发展模式的分类

（1）按发展方式分，可分为项目带动型、企业带动型、技术带动型、法律约束型等。项目带动型是指由于受当地资源条件、政策环境、转型成本等方面的约束，区域内大规模全方位推行低碳经济有难度，在这种情况下可以通过一个个低碳项目的建设为低碳经济的发展提供平台和载体。企业是推动经济发展的主力军，企业带动型是通过企业组织变革、制度创新、促进低碳技术在企业之间和企业内部的扩散，实现企业生产经营的低碳化，即通过低碳经济创新领先企业的培育来推行低碳经济的发展。技术带动型是通过节能技术减少能耗，降低二氧化碳排放量；通过低碳技术改造传统工艺和设备，开发碳替代产品和低碳或无碳能源，即通过技术创新来推进低碳经济的发展。法律约束型是对各个行业、部门的能耗标准和排放标准以法律法规的形式加以约束，即通过强制性、固定性和公开性的立法来推动低碳经济的发展。

（2）按经济发展内容分，可以分成第一产业、第二产业、第三产业和人居生活的低碳化。通过社会生产经营的低碳化和人居生活消费领域的低碳化来推动低碳经济的发展。本书即按此标准构建国有森工林区低碳经济发展模式，在三大产业和人居生活的划分基础上，结合黑龙江国有森工林区实际情况，将发展内容进一步细化，从森林培育、林产工业、产业结构、森林碳汇、清洁能源开发与利用、森林生态旅游与休闲、森林生态文化、人居生活消费等多个角度来论述林区低碳经济发展模式。

2.2.2.3　本书研究理论框架的构建

黑龙江国有森工林区不仅是黑龙江省经济发展的重要组成部分，而且也是东北地区乃至中国不可替代的生态屏障。当前正处在“十二五”规划的开端之年和国家大力振兴东北老工业基地的契机之下，如何加快林区经济转型，探索一条既能促进经济发展又能保护环境的发展模式是帮助森工企业走出困境，促进林区经济健康发展，提高林区职工生活水平的关键。低碳经济作为一种新兴的经济发展模式，具有很大的竞争潜力，是一种低消耗、低污染、低排放和高效能、高效率、高效益的可持续发展模式。这种模式非常符合当前黑龙江国有森工林区既要发展经济又要保护环境的要求，能够有效促进林区经济从以木材生产为中心转向以生态保护与建设为中心，大力推进林业经营方式从传统林业向现代林业转型，走一条以生态建设为主，经济效益、社会效益、生态效益协调发展的低碳发展之路。

建设低碳生态林区，就是建设资源节约、环境友好、居住生态、经济健康发展和民生持续改善的社会主义新林区，有效促进林区在生产、流通、消费、生态保护等领域可持续发展，是协调区域经济、社会、环境的重要发展模式。因此，林区的低碳发展涉及到经济、社会、人口、资源、环境等各个领域，是一项复杂的系统工程。能源是林区发展的动力，是低碳林区系统的输入端，从源头上改变输入能源的基底，加快碳基能源向无碳基能源的转变，是实现林区低碳发展的根本；林业生产是能源消耗的重点领域，实施清洁林业生产是建设低碳林区的核心；产业结构对能源消耗也有重要影响，优化产业结构是实现林区经济低碳发展的重要措施，同时通过发展低碳技术，提高能源的利用效率也是实现经济低碳发展的关键所在；林区居民的出行方式、消费方式和居住方式对社会的低碳化有重要影响，鼓励使用公共交通，提倡消费低碳产品，引导节能居住，推动树立能源节约理念，是实现低碳林区的重要举措；低碳技术和政策制度是实现林区能源、经济、社会低碳的支撑与保障，林区建设系统终端碳排放的减少依赖于低碳技术的利用，体制机制等政策制度是低碳林区建设的驱动机制与制度保障。因此，本研究将发展低碳经济的理念与森工林区的实际情况相结合，构建了黑龙江国有森工林区低碳经济发展模式研究的理论框架（如图 2－2 所示）。该框架以科学发展观为指导，以循环经济、低碳经济、生态经济、区域经济和林业经济为理论基础，在对林业产业发展模式进行实证分析的基础上，在政府推动、企业牵引、政策催化、技术支撑和人才保障等机制的作用

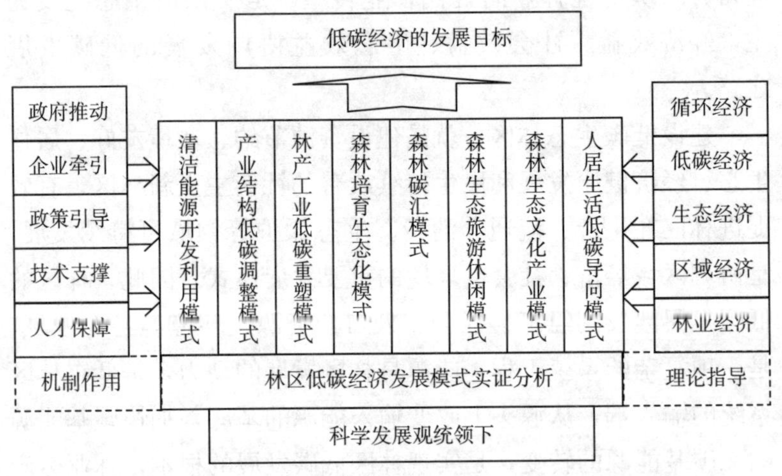

图 2－2　黑龙江国有森工林区低碳经济发展模式研究的理论框架

下，通过森林培育生态化、森林碳汇、森林生态旅游休闲、森林生态文化产业、林产工业低碳重塑、产业结构低碳调整、清洁能源开发利用、和人居生活低碳导向等模式的运作，全面推进黑龙江国有森工林区低碳经济发展模式的进程，实现低碳经济的发展目标，构建可持续发展的生态化社会主义新林区。

2.3 本章小结

本章首先对循环经济理论、低碳经济理论、区域经济理论、生态经济理论和林业经济理论进行了简要的论述，主要从概念、内涵和发展历史两个方面进行了阐述。然后对黑龙江国有森工林区和森工企业的情况进行了介绍，界定了本书的研究范围。在理论研究的基础上，结合林区的实际情况，构建了黑龙江国有森工林区低碳经济发展模式研究的理论框架。

3 国内外低碳经济发展经验借鉴

低碳经济在应对全球气候变暖和降低经济发展对化石能源的依赖性上具有显著作用。作为一种新的经济发展模式，其表现出了巨大的潜力和强大的竞争力。当今世界大多数国家都在致力于发展低碳经济，这不仅对于增加能源安全具有重要意义，而且对于在未来以低碳经济为主导的世界新经济格局中占抢占主动有利地位具有重要作用。本章选取了几个典型的发展低碳经济的国家和低碳项目，为黑龙江国有森工林区低碳经济发展模式研究提供经验借鉴。

3.1 国外低碳经济发展经验

3.1.1 英国的“政府投资，企业运作”模式

英国是世界上低碳经济的倡导者和最早践行者。2003 年英国政府文件能源白皮书《我们能源的未来：创建低碳经济》中首次提出了“低碳经济”的概念，认为低碳经济是通过低消耗和低污染以获得高产出，通过应用先进的技术来推动经济的发展。并明确到 2050 年英国将变成一个低碳经济国家。英国自 2003 年提出低碳经济以来，这一新的发展理念迅速被世界接受并有越来越多的国家开始积极探索低碳发展之路。2006 年，受英国政府的邀请，经济学家斯特恩经过调研，在英国发布了《斯特恩报告》，分析了气候变化给经济、社会和环境带来的影响，强调了以清洁能源为目标的能源供应调整的重要

性，呼吁全球发展低碳经济。2008年英国颁布了《气候变化法案》，提出了发展低碳经济的框架和建立低碳经济社会的目标，即到2020年英国的二氧化碳排放量与1990年相比要减少20%，到2050年要减少80%的目标，成为全球第一个将温室气体减排目标纳入法律规范的国家。2009年，英国在宣布政府财政预算的同时，公布了具有法律约束意义的“碳预算”，以保证经济发展和能源结构向低碳化转型，从而成为世界上首个实施碳预算的国家。在英国的低碳经济实施策略中，最有效也最具代表性的是其“政府投资，企业运作”模式。这种模式以政府为主导，政府通过直接和间接投资，促进企业对低碳技术的研发和推广，以减少二氧化碳排放和减缓气候变暖。

首先，英国政府将发展低碳经济上升到国家战略发展的高度，制订了低碳经济发展的目标和框架，并建立了配套的法律法规和相关的制度、标准等，从法律环境、政策环境、技术环境等多个角度推动低碳经济的发展。在产业发展方面，重点改造化工、电力、汽车、航空等行业，通过加大资金投入、促进机制改变、支持技术研发、帮助培训员工、提供信息服务等多方面支持这些制造产业的低碳化转型。其次，2001年成立了碳基金，这是一个由政府投资，并以企业模式运行的独立的碳信托基金公司，其宗旨是通过投资大力支持低碳技术的开发和利用，寻求低碳技术的知识产权转让获得经济利益，为企业和公共部门实现节能减排目标提供咨询、资金和建议，最终推动英国低碳经济的发展。碳基金的资金主要来自于气候变化税。从2001年开始以对煤炭、汽油和电能等化石能源的耗用量为依据，对所有工业部门、商业部门和公共部门征收气候变化税。碳基金自成立以来，已累计投入资金3.8亿英镑，主要用于低碳技术的研发、低碳技术的商业化等方面，为全英累计减排1 700万吨，节省能源的经济价值为10亿英镑。第三，政府大力促进低碳技术的研发与推广以提高能源的使用效率和使用清洁能源。通过碳捕获、碳储存等技术将传统产业改造成绿色产业；通过煤炭清洁技术建立示范低碳发电站以提高能源利用效率，降低二氧化碳排放；发挥其海岛国家的自然和地理优势，发展风能、潮汐能、太阳能、海藻能、生物质能源等可再生低碳能源。英国政府已投入1.2亿英镑用来发展海上能源，例如苏格兰地区拥有欧洲最大的风能发电厂，建成了世界上第一个海洋能源中心和第一个波浪能发电站。第四，政府直接投资。除了一系列的法律、法规、政策和碳基金的支持，英国政府还成立了针对企业低碳能源技术改造进行投资的能源技术部门。2009年，英国财政预算中有4.5亿英镑的资金用来促进低碳产业的发展，重点是支持低碳技术的研发与运用。10年来，英国政府累计投入300多亿英镑资金来支持低碳技术发展和低碳产业的改造，强大的资金后盾使英国企业更积极地配合、更主动地参与政府发展低碳经济的策略中。第五，除了直接投资，英国政府还在其专利认证体系中为低碳技术的相关研发提供了优先权，并推进与贸易伙伴关于建立环保专利快速通道体系的协商，为企业进行低碳技术创新提供了获得专利权的快捷通道，也为英国先进的低碳技术以知识产权转移的形式获利提供了机会。

经过将近10年的调整，目前英国已经逐渐形成了以市场为基础，以政府为主导，以企业为主体的低碳经济发展体系，探索了一条合适的低碳经济发展道路，低碳产业发展态势良好，为英国低碳经济发展计划的全面推行奠定了基础。

3.1.2 德国的生态工业模式

德国历来对环境问题比较重视，无论是在循环经济发展方面，还是生态建设方面，以及近年来世界普遍关注的低碳经济探索方面，德国始终走在全球的前列。1971 年，德国发布了《环境规划方案》，这是德国第一个较为全面的环境保护方案。1996 年，德国出台了《循环经济和废物处理法》，明确了发展循环经济，加强对废弃物的综合利用。德国在环境治理方面的有益经验和循环经济的成功发展，为探索和发展低碳经济奠定了良好的基础。德国在长期的环境保护和发展低碳经济过程中，积累了大量的先进技术，为实现低碳经济发展创造优势。2009 年德国发布了发展低碳经济的战略文件，确立了以低碳经济作为实现经济现代化的指导方针，重点是发展生态工业，关键是低碳技术。德国的生态工业政策主要体现在 6 个方面：严格执行环保政策；制定各行业能源有效利用战略；扩大可再生能源使用范围；可持续利用生物质能源；推出刺激汽车业改革创新措施及实行环保教育、资格认证等方面的措施。

新能源汽车的发展是德国生态工业模式的一个亮点。德国汽车制造业享誉全球，也是德国重要的支柱性产业。为了减轻汽车对石油消耗的高依赖性以及降低汽车尾气排放产生了大量的二氧化碳，德国凭借其在可再生能源的开发和利用技术方面的优势，全力推动新能源汽车的研究与发展。2009 年，德国颁布了《国家电动汽车发展计划》，该计划提出了到 2020 年德国电动汽车的生产能力达到 100 万辆的目标。为了顺利实现该目标，德国政府已经累计投资 5 亿欧元用于汽车制造业的改造投资和技术升级。在政府的大力支持下，大众、宝马、奔驰等德国汽车制造业巨头对新能源汽车的研发都已初具规模，德国新能源汽车产业链开始显现雏形。

提高能源使用效率是德国生态工业模式的关键。德国认为其工业发展还有着巨大的节能减排潜力，可以通过技术升级，对现有工业设备和工艺进行技术改造，从而提高能源的使用效率，促进企业节能减排。

大力发展可再生能源是德国生态工业模式的基础。2000年，德国出台了《可再生能源法》，确立了可再生能源的地位，通过政府补贴，降低了可再生能源的成本，使可再生能源得到了同传统能源同样的竞争机会，从而使德国的可再生能源的开发与利用发展迅速。当前，可再生能源发电占整个德国发电总量的15%，可再生能源企业创造的产值高达250亿欧元，可再生能源行业提供的就业岗位大约25万个，为经济和社会的发展起到了积极的促进作用。

德国低碳经济的发展除了来自于工业的生态化改造，人们长期以来形成的环保意识使低碳经济观念深入人心也是促进德国低碳经济发展的重要因素。在人们的日常生活中处处体现着低碳观念。比如，德国居民对垃圾的处理非常严谨，家中各个种类的生活垃圾分开收集，街头不同颜色的垃圾桶也代表着收集不同种类为的垃圾；避免使用一次性产品，对于塑料袋、塑料瓶等都是多次重复利用；居民出行多主动选用公共交通。这些点滴的日常生活行为，为德国能耗的降低作出了巨大贡献。

3.1.3 丹麦的绿色能源模式

位于北欧的丹麦，其工业水平十分发达，在经济繁荣的同时二氧化碳排放量降低效果非常明显，堪称低碳经济发展的典范。20世纪70年代，丹麦的能源结构是以石油、天然气为主的化石能源结构，石油消费高达90%，经济发展完全依靠高碳能源。由于丹麦面积非常小，除了北海大陆架蕴含一部分石油外，93%的能源需要进口。随着1973年和1979年两次石油危机的暴发，石油依赖型能源结构的丹麦受到了严重打击。为了能源安全，不再在能源上受制于人，丹麦政府开始尝试改变过去对石油高依赖型的能源结构，希望通过能源战略的调整，改变能源结构，实现能源自力。丹麦政府提出了发展低碳经济的战略，并结合本国实际，大力发展绿色能源，经济发展目标与减排目标同时实现，形成了以绿色能源模式来推动低碳经济的发展。

风能发电是丹麦绿色能源模式最主要的部分。丹麦三面环海，这一优越的地理位置使丹麦的风能量大，风力强劲。悠久的风力利用历史使丹麦的风能技术处于世界先进水平。在海岸线西方约14千米的地方是丹麦最大的风力发电厂，可以提供160百万瓦特的电力，占整个国家电力生产量的20%。海上风力发电的产能约为420百万瓦特，占世界风力发电的30%。丹麦的风电设备销售量世界第一，占全球市场份额的40%。风能发电装机容量占全球50%，超过了荷兰和英国，成为名副其实的“风电王国”。除了风能发电，丹麦还通过出售风电技术和服务创造经济收益，2008年风电技术和服务创造的出口价值为57亿欧元，占丹麦出口总额的7.2%。

3.2 国内低碳经济发展经验

中国低碳经济的发展处于刚刚起步阶段，因此到目前为止还没有相当成熟的低碳经济发展区域，只有正在进行的一些试点和项目，本研究以一些具有代表性和典型性的试点和项目为例，介绍低碳经济在中国的发展。

3.2.1 世界自然基金会支持的低碳城市试点

2008年，中国建设部和世界自然基金会合作项目——中国低碳城市发展项目，选择上海和保定为首批试点城市。上海以产业重新布局、产业结构升级、能源结构低碳化等方式发展低碳经济。在节能减排目标下，以崇明岛低碳生态实践区、临港新城低碳发展实践区、红桥低碳商务实践区三个试验区为示范，打造“低碳样板”，汲取经验，逐步推行推广低碳经济发展。保定市以新能源的开发和利用为重点，以节能减排为目标来实现低碳化转型。重点打造以风力发电集群、太阳能发电集群，形成“中国电谷”和“太阳能之城”。为了实现低碳发展目标，保定市先后出台了《保定市人民政府关于建设低碳城市的意见（试行）》、《全面推进节能减排，建设低碳保定的决定》、《保定市人民政府关于全面推进节能减排建设低碳城市决定和8个重点县（市、区）及13家重点企业节能减排目标向代表承诺的专题报告》等文件，大力推行低碳经济发展。除此之外，保定市还从生态城市、低碳社区、低碳城市交通体系建设等方面，全方位发展低碳经济。

3.2.2 南昌低碳经济试点

作为中英低碳城市合作项目中唯一的省会城市，南昌借低碳合作试点项目，大力发展低碳经济，实现城市低碳化转型，特别是为实现鄱阳湖生态经济区的建设探索可行性路径。在政策层次上，以2009年南昌首届世界低碳与生态经济大会发表的《南昌宣言》、省政府发表的低碳经济白皮书《绿色崛起之路——江西省低碳经济社会发展纲要》以及《鄱阳湖生态经济区规划》作为指导，推进低碳经济转型。在实施层次上，设立低碳城市发展基金——南昌开元城市发展基金，为低碳经济发展提供坚实的资金后盾。在发展内容上，以光电产业为主，将南昌打造成为“世界光电之都”。

3.2.3 CDM清洁项目

清洁发展机制（CDM）下的第一个项目森林碳汇项目在广西实施。2006年6月30日广西环江县兴林营林有限责任公司与生物碳基金托管机构国际复兴开发银行签订了《中国广西珠江流域再造林项目》碳减排量购买协议，标志着《中国广西珠江流域治理再造林项目》正式实施。该项目将在广西环江县和苍梧县各造2 000公顷的森林，树种和种植模式以马尾松和枫香混交林、杉木和枫香混交林、马尾松和大叶栎混交林、马尾松和木荷混交林、桉树纯林等为主。按照该项目的测算，到2050年将吸收和储存77万吨的二氧化碳，交易价格为220万美元。除了产生经济价值，该项目还产生了生态价值和社会价值。该项目在保护生物多样性、控制水土流失、改善环境服务等方面具有积极意义，为生态建设做出重要贡献。该项目将增加农民收入2 110万美元，使当地5 000个农户2万个农民受益，创造临时就业机会500万个，同时还将在促进增加粮食产量、农村能源供给和质量改善、农民技术培训等方面发挥效益。

3.3 国内外低碳经济发展经验借鉴

无论是英国、德国、丹麦，还是中国，在发展低碳经济方面都有着相同的目标，即尽快将本国转变成为低碳国家。虽然各国在低碳发展的道路上根据国情选择了不同的模式，但是这些模式本身是值得我们借鉴的。

（1）政府是推动低碳经济发展中的重要角色。实现低碳发展，政府的作用不可替代，这是推动低碳经济发展的前提和基础。政府要将发展低碳经济上升到国家发展战略的高度，从法律、法规、政策等方面给予低碳企业、低碳行业、低碳产业支持。政府通过财政、税收等优惠政策加强引导企业主动进行低碳技术的研发，运用先进的技术加快企业的低碳化改造。

（2）产业结构和能源结构的低碳化调整具有重要意义。产业结构和能源结构决定着经济发展的方式。各个国家低碳化调整的重点是产业结构，特别是工业产业，通过节能、技术升级、使用新能源等各种方式达到节能减排。发展低碳或无碳可再生新能源是未来低碳经济发展的方向，这对于摆脱经济发展对传统高碳能源的依赖，维护国家的能源安全具有重要意义。

（3）低碳技术是发展低碳经济的关键。要想实现低碳发展，必须依靠技术。通过低碳技术、碳捕获、碳封存等技术，加快产业升级和能源的低碳化调整。

（4）环保教育要深入人心。通过加强环保教育和宣传，帮助公民树立环保意识，从而使公民养成主动、积极的环保意识。有了深入人心的环保意识，公民才能在生活方式、工作方式和消费方式等点点滴滴的活动中自觉节约资源，保护环境。

（5）积极参与合作能加快低碳经济的发展。在全球应对气候变化的背景下，发展低碳经济越来越多的倾向于国际合作。特别是发展中国家，要充分利用发达国家和国际组织的资金和技术支持来发展低碳经济。

3.4 本章小结

本章对世界上几个典型国家低碳经济发展情况进行了介绍和分析。由于中国低碳经济起步较晚，目前从区域层面特别是林区还没有较为成熟的低碳经济发展模式，因此本章仅对中国发展低碳经济过程中的低碳项目进行了介绍。国内外低碳经济发展的理论与实践为黑龙江国有森工林区低碳经济发展模式的构建提供经验借鉴。

4　黑龙江国有森工林区低碳经济发展诉求

当前，我国正处于快速经济发展时期，作为经济发展的大国在应对全球气候变暖的过程中担负着重要的历史责任。作为我国最大的国有林区在担负这一重要历史责任中具有特殊的地位。然而，黑龙江国有森工林区依然依赖于高投入、高消耗的生产方式，面对其应该承担的历史责任压力巨大。因此，本章运用规范分析与实证分析的方法，考量当前黑龙江国有森工林区经济发展模式，以揭示黑龙江国有林区低碳经济发展的必要性与紧迫性。

4.1　黑龙江国有森工林区发展低碳经济的国际背景

4.1.1　全球气候变暖与二氧化碳排放

4.1.1.1　全球气候变暖

全球气候变暖已经成为不争的事实，其首先表现为温度的持续上升，由此又引起了海平面上升、降水变化、甚至一些极端气候事件等一系列连锁反应，给人类的生存和发展带来了严重的威胁。

近 100 年来，全球平均气温经历了一个“冷—暖—冷—暖”的交替发展趋势，但总体来看处于螺旋式上升，而且全球变暖速度超过历史上任何一个时期。近 100 年温度线性变暖趋势为 0.074℃（每十年），最近 50 年温度的线性变暖趋势为 0.13℃（每十年），几乎是近 100 年的 2 倍。进入 20 世纪 90 年代以后，气温上升速度更快，20 世纪 90 年代（1990—1999 年）是整个 20 世纪最暖的十年，而 21 世纪第一个十年（2000—2009 年）的温度高于 20 世纪最后 30 年。1995—2009 年中，有 12 个年份位列历史最暖年份，各地高温纪录持续刷新。如图 4－1 所示，20 世纪，气候变化从地理结构来看，全球陆地区域温度的升高速度超过海洋；从地理位置来看，50 年代以后北半球平均温度特别是高纬度地区温度增加幅度较大，超过过去 1300 年中任何一个 50 年的平均温度，北极地区温度的升高速度几乎是全球平均速度的 2 倍；从区域分布来看，北美洲和欧洲气温上升速度较快，远远超过其他地区。

在一系列 SERS 排放情境下，碳排放浓度保持在 2000 年不变的水平上，如果没有额外气候政策出台的情况下，预计未来 20 年全球气温将以每十年 0.1～0.2℃的速度变暖，根据实际观察结果，1990—2005 年每十年增长速度大约为 0.2℃，进一步证明了预测结果的可信度。据此，预测 21 世纪末（2090—2099）全球平均气温的变化，如表 4－1 所示。根据 IPCC 的评估，如果全球平均气温增幅超过 1.5～2.5℃，将有 20%～30%的物种灭绝风险增大，如果全球平均气温增幅超过 3.5℃，将出现高达 40%～70%的物种灭绝。由此可见，如果不采取应对气候变化的相应措施，人类社会的可持续发展将面临严峻的挑战。

虽然数千年来海平面一直持续着上升趋势，但根据科学家的预测，在距今 1.8 万年至 0.6 万年的 1.2 万年中海平面一共只升高了 120 米。距今的 0.6 万年前至 100 年前，海平面以每

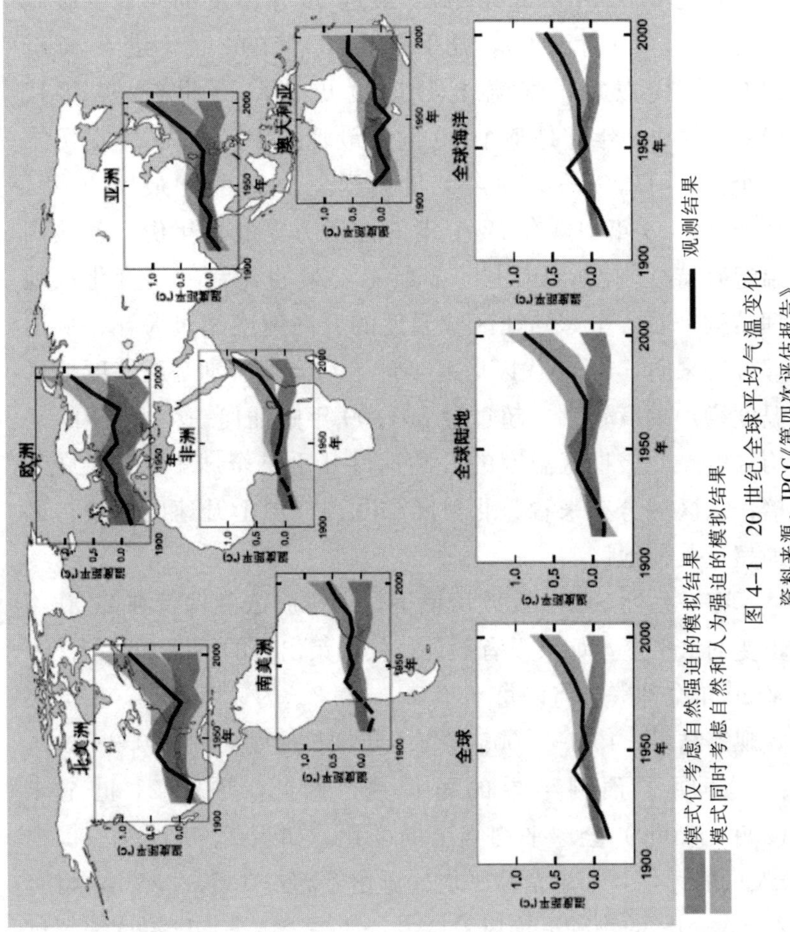

图 4-1 20 世纪全球平均气温变化

资料来源：IPCC《第四次评估报告》

100 年 5 厘米的低速度升高。最近的 100 多年，气候变暖，全球平均气温和海洋温度升高，大面积冰川和积雪融化，导致海平面上升。1961—2003 年，全球海平面平均以每年 1.8 毫米的速度上升，而 1993—2003 年，全球海平面平均每年以高达 3.1 毫米的速度上升。海洋热膨胀、冰川和冰帽以及极地冰盖

表 4-1 21 世纪最后十年全球平均气温变化预测

SERS 排放情景	温度变化（单位:℃）（与 20 世纪最后十年相比，21 世纪最后十年的温度）	
	最佳估值	可能性范围
稳定 2000 年浓度水平	0.6	0.3～0.9
B1 情景 （全球人口数量在 21 世纪中叶出现峰值，经济结构转向服务和信息方向）	1.8	1.1～2.9
A1T 情景 （经济增长快，全球人口数量在 21 世纪中叶出现峰值，强调非化石能源结构）	2.4	1.4～3.8
B2 情景 （人口和经济以中度速度增长，经济、社会和环境可持续发展）	2.4	1.4～3.8
A1B 情景 （经济增长快全球人口数量在 21 世纪中叶出现峰值，强调各种能源之间的平衡）	2.8	1.7～4.4
A2 情景 （人口增长快、经济发展和技术进步慢）	3.4	2.0～5.4
A1FI 情景 （经济增长快全球人口数量在 21 世纪中叶出现峰值，化石燃料密集型能源结构）	4.0	2.4～6.4

数据来源：根据 IPCC《第四次评估报告》整理所得。

融化是造成海平面上升的主要因素，研究表明海洋热膨胀对海平面上升的贡献率高达 57%，冰川和冰帽的贡献率为 28%，极地冰盖的贡献率为 15%。据监测表明，从 1961 年以来海洋吸收了气候系统80%左右的增量热量，全球海洋平均温度升高已经延至水下3 000米的深度。海洋温度的升高加快了海洋热膨胀的速度，引起了海平面的上升，进而导致海洋环流变化、营养盐含量改变、海水酸化等一系列物理反应。海洋内部生物群落和生物链发生改变，对整个生态系统产生影响。部分海洋生物系统发生变化。据卫星资料显示，20世纪80年代以来，北极海冰面积平均以每十年2.7%的速度缩减，夏季的海冰面积缩减更快，高达平均每十年退缩7.4%。山地冰川和积雪平均面积也呈退缩趋势。100年来，北半球季节性冻土面积大约减少了7%，春季冻土面积的减幅高达15%，20世纪80年代以后，北极多年冻土温度大约升高3℃。许多区域的湖泊和河流变暖，径流量增加、早春最大流量提前、藻类和浮游动物大量繁殖、鱼类提早洄游等。冻土消融，土壤结构改变，土地的不稳定性增加，容易造成沼泽消失、草场退化、泥石流等问题。

气候变化对降水量也产生了影响。施能、黄先香等对1948—2000年全球陆地年降水量的研究资料表明：全球有9个区域的平均年降水趋势系数为负，6个区域平均年降水趋势系数为正。处于年降水量减少区域的有：热带非洲，南极带，加拿大东南部及美国东北部，中国淮河以北、蒙古、俄罗斯的中、西西伯利亚及日本、朝鲜和韩国，南亚及东南亚，中东及西欧，非洲南部，阿拉斯加，北欧及俄罗斯西北部。这9个降水下降区域年平均降水量分别为165.8毫米、411.6毫米、495.8毫米、433.3毫米、1 435.8毫米、304.7毫米、571.5毫米、247.9毫米、533.1毫米，下降趋势系数分别为−0.56、−0.56、−0.43、−0.48、−0.41、−0.31、−0.35、−0.32、−0.32，降水量与全球年平均气温的相关系数为

—0.77、—0.77、—0.87、—0.49、—0.65、—0.62、—0.69，—0.63、—0.24。年降水量为增加的区域则分布在加拿大北部，南美，格陵兰，美国西南部，澳洲西部，芬兰、瑞典和挪威。其年平均降水量分别为197.7毫米、775.0毫米、167.3毫米、366.8毫米、485.3毫米、560.0毫米，上升趋势系数分别为0.67、0.45、0.39、0.42、0.37、0.48，降水量与全球年平均气温的相关系数为0.61、0.43、0.39、0.43、0.20、0.52。从这些数据可以看出，降水量的面积基本上都处于北半球，而且北半球降水趋势的变动较为明显。从全球总体来看，负值区域的趋势系数明显强于正值区域的趋势系数，因此，这半个世纪全球平均年降水量呈下降趋势。从降水量与气温的相关性上来看，负相关系数的影响波动更大一些，表明全球气候变暖变化造成了大范围的年降水量下降，进一步增加了干旱地区面积扩大的风险[52]。进一步发现，全球平均年降水量趋势下降的情况下，趋势变化还伴随着突变，而且突变的频率在20世纪70年代到80年代得到加强。这一时期正处于全球气候变暖的快速发展时期，气温的升高速度加快造成大气环流变化，根据IPCC的证据表明，从20世纪70年代以来，北大西洋的强热带气流活动增加，有迹象表明其他一些区域的强热带气流活动也在增加。

伴随着全球气候变暖，气候极端事件频繁发生，特别进入20世纪80年代以后，其发生频率不断加快。20世纪最后十年里，全球受气象水文灾害影响的年平均人数为2.11亿，是受战争冲突影响人数的7倍。近50年中，最具代表的气候异常现象变现为厄尔尼诺现象和拉尼娜现象。厄尔尼诺现象是赤道附近的东太平洋表层海水温度上升引起的气候异常现象，它不仅出现在南美沿海，而且遍及东太平洋沿赤道两侧的全部海域以及环太平洋国家，有时甚至会波及印度洋沿岸。其基本特征是太平洋沿岸海平面水温异常升高，海面上涨，并形成一股暖流向南流动，使太平洋东部的冷水域变成暖水域，引起海啸和暴风骤雨，造成一些地区干旱，另一些地区强降雨等自然灾害事件。20世纪中后期至21世纪初，厄尔尼诺现象一共出现过8次，分别发生在1982—1983年、1986—1987年、1991—1994年、1997—1998年、2002—2003年、2004—2005年、2006—2007年、2009—2010年。总体来看，厄尔尼诺现象引起了大量的气候极端事件，还造成了北半球气候更加寒冷潮湿，南半球气候更加干热。拉尼娜现象是赤道太平洋东部和中部海水温度持续变冷的异常现象，由于其与厄尔尼诺现象相反，并常与厄尔尼诺现象交替出现，又称为“反厄尔尼诺现象”。东南信风将暖水吹向太平洋西部，致使西部海平面和海水温度增高，气压下降，潮湿空气积累形成台风和热带风暴，而东部底层海水上翻，使太平洋东部海域海水变冷。拉尼娜现象常出现在厄尔尼诺现象的第二年并持续两三年，20世纪中后期至21世纪初拉尼娜现象出现在1988—1989年、1995—1996年、1998—2001年，以1998—2001年的影响最为强烈。拉尼娜现象同样引起了洪涝、干旱等自然灾害。20世纪末至21世纪初，伴随着厄尔尼诺现象和拉尼娜现象的交替出现，洪水、干旱、台风、冰雪、高温等频繁发生的极端气候事件给人类生命和财产造成了严重损失。1986年夏季秘鲁北部、中部地区暴雨成灾；哥伦比亚境内的亚马逊河河水猛涨，造成河堤多次决口；而巴西东北部少雨干旱，西部地区酷热难挡。1998年7月，非洲巴布亚新几内亚发生海啸，巨浪高达49米巨浪，造成两千多人死亡，数千人无家可归。1998年夏季，中国长江流域、东北松花江、嫩江流域发生了特大洪水，受灾人口高达 2.2 亿。2004 年 12 月，印度尼西亚苏门答腊岛发生大规模海啸，给印尼、斯里兰卡、泰国、印度，马尔代夫等国造成巨大的人员伤亡和财产损失。据统计这次灾难造成 15.6 万人死亡，是 200 多年来最惨重的海啸灾难。2005 年 8 月，飓风“卡特里娜”席卷美国路易斯安那州和密西西比州，大面积房屋被淹，城市完全瘫痪，100 多万人流离失所，被称为美国历史上最严重的十大灾难之一。2008 年初，中国南方遭遇了重大雪灾，雨雪冰冻天气横扫中国南方十几个省份，造成了南方能源告急、交通阻塞等问题。2008 年 5 月，热带风暴“纳尔吉斯”登陆缅甸南部的海岸线，引起严重风暴潮，造成极大破坏，遇难者高达 8 万多人，失踪 5.6 万人，成为缅甸历史上最严重的自然灾害。2009 年 2 月，澳大利亚遭遇 25 年来最严重的森林火灾，大火所经之处一片焦土，死亡人数超过 200 人，2 000 个家庭在大火中失去家园。大火发生前，维多利亚州气温刷新了其百年来的历史记录，高达 43℃并已持续一周。

4.1.1.2 二氧化碳排放情况极其影响

工业化进程中，人类社会和经济飞速发展的同时人类活动也引起了温室气体排放的大幅度增加，在 20 世纪的最后 30 年中大约增加了 70%。经过科学的观测和验证，全球气候变暖最主要的动因是人类活动引起的温室气体排放量的增加。《联合国气候变化框架公约》中涉及减排的人为温室气体主要包括二氧化碳（CO_2）、甲烷（CH_4）、氧化亚氮（N_2O）、氢氟碳化物（HFC）、全氟化碳（PFC）和六氟化硫（SF_6）。全球人为温室气体排放总量中，二氧化碳排放量比重高达 76%，甲烷排放量比重为 14.3%，氧化亚氮排放量比重为 7.9%，氟类气体排放量比重为 1.1%，其他气体占 2.8%。由此可见，二氧化碳是最重要的人为活动温室气体，二氧化碳排放量直接影响着全球气候变化。

人类进入工业化时代以后，人为二氧化碳排放量持续升高，特别是最近的 50 年，二氧化碳排放量增加了大约 80%。1960—2009 年全球二氧化碳排放总量和人均二氧化碳排放情况见图 4－2。

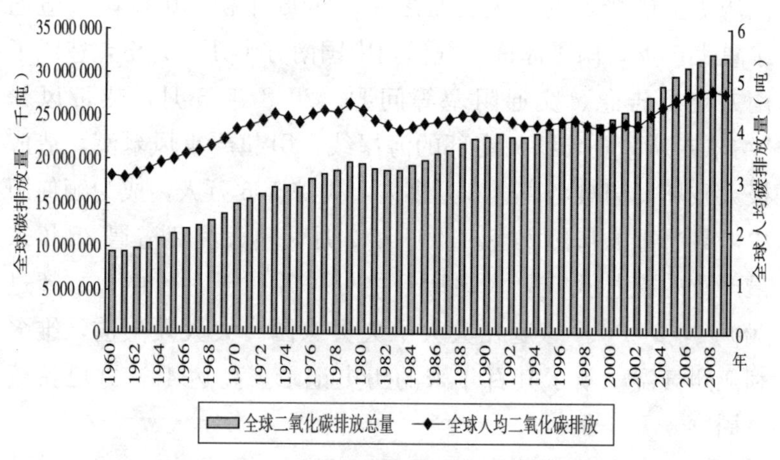

图 4－2　1960—2009 年全球二氧化碳排放排放总量和人均排放量

数据来源：根据世界银行 WDI 数据计算分析所得

1960—2009 年 50 年里，全球二氧化碳排放总量大约为 10 066.91亿吨，平均每年以 3%的速度增长。从图 4－2 和表 4－2中可以看出 50 年里，全球二氧化碳排放量总体呈增长趋势，20 世纪 70 年代和 21 世纪的第一个十年是全球二氧化碳的两个增长高峰期。20 世纪 70 年代，正值世界经济发展的繁荣阶段，全世界都在增加利用燃料生产能量、利用能量创造 GDP 的能力。进入 21 世纪以后，虽然二氧化碳排放量问题得到了全世界的共同关注，节能减排和发展清洁能源得到了广泛的舆论支持，但全世界的碳生产力并没有下降，高碳生产力依然在推动世界经济的发展。虽然全球碳排放总量在持续上升，但个别年份还是出现了碳排量的降低，50 年中共出现了 10 次下降，分别为 1975 年、1980 年、1981 年、1982 年、1983 年、1992 年、1993 年、1998 年、1999 年和 2009 年。对原始数据进行进一步的分析得到，各自跟其上一年相比，这十次下降的绝对数为分别为：99 009 千吨、194 351 千吨、601 388 千吨、143 013 千吨、66 006 千吨、223 687 千吨、22 002千吨、91 675千吨、198 018 千吨、417 074 千吨，下降的相对数分别为：0.59%、1.00%、3.18%、0.76%、0.35%、0.99%、0.10%、0.38%、0.82%、1.32%。而在这 50 年中，全球二氧化碳排放量共有 9 次大幅度的增长，分别出现在 1976 年、1979 年、1984 年、1995 年、2001 年、2003 年、2004 年、2005 和 2006 年。相对于上一年，碳排放总量分别增加 982 756 千吨、1 034 094 千吨、689 396 千吨、506 046 千吨、608 722 千吨、1 525 472 千吨、1 411 795 千吨、1 114 768 千吨、968 088 千吨，增长速度分别为：5.51%、5.25%、3.56%、2.15%、2.40%、5.62%、4.95%、3.76%、3.16%。从数据来看，10 次全球碳排量下降的幅度较小，并未给全球碳排量总体趋势造成太大的影响。而这 9 次大幅度的碳排量上升体现了两个规律：一是这 9 次碳排放量大幅度上升基本分布在 20 世纪 70 年代和 21 世纪的前十年，符合了碳排放总量 50 年中的总体趋势和碳排放总量的两个高峰期现象；二是碳排放总量大幅上升基本上出现在碳排放总量下降后的一两年之内，而且以比碳排放总量下降更快的速度反弹。人均二氧化碳排放在 20 世纪 60 年代一直处于上升趋势。70 年代波动发展，最低点出现在

1974 年，最高点出现在 1979 年，同时 1974 年的碳排放总量下降，1979 年碳排放总量比 1978 年有较大幅度增加。进入 80 年代以后，人均碳排放量在前三年处于下降状态，后七年则缓慢升高。90 年代人均碳排放量变化比较平稳，先缓慢下降后缓慢升高，只在 1997 年升高的幅度稍大。进入 21 世纪后，全球人均碳排放基本处于持续上升状态，只有 2009 年出现了小幅度下降。

二氧化碳排放量在全球的区域分布也不是均衡的，世界上碳排放量较大的国家有：中国、美国、俄罗斯、印度、日本、德国、加拿大、英国、南非、法国。

表 4－2　1960—2009 年每十年全球二氧化碳排放量状况

时间（年）（每十年为一个单位）	全球二氧化碳排放量（单位：千吨）	增长速度（%）	
		环比增长速度	定基增长速度
1960—1969	113 016 940		
1970—1979	171 677 939	51.9	51.9
1980—1989	201 024 940	17.09	77.87
1990—1999	234 251 627	16.53	107.27
2000—2009	286 720 027	22.4	153.7

数据来源：根据世界银行 WDI 数据计算分析所得。

从图 4－3 可以看到人为活动的二氧化碳排放几乎涵盖了整个地球大陆部分，颜色越深的区域，二氧化碳排放量越大。亚洲的中国和北美的美国是世界上碳排放最严重的区域，其次是欧洲的大部分区域和亚洲的日本、韩国，然后是北美的加拿大、南美、澳洲和中东部分，非洲、南美的碳排放量相对较弱

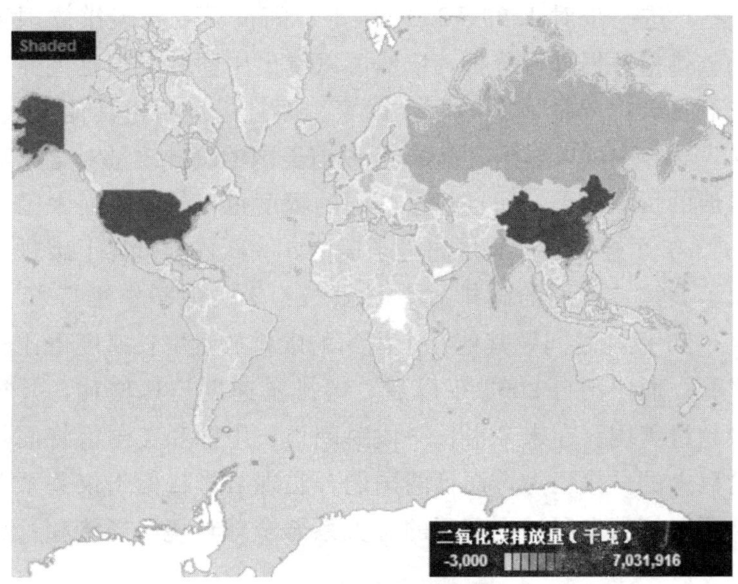

图 4-3 全球二氧化碳排放总量区域分布

资料来源：世界银行 WDI 数据库。

表 4-3 世界主要国家二氧化碳排放量

单位：亿吨

国家	1999	2000	2001	2002	2003	2004	2005	2006	2007	2008
中国	33.18	34.05	34.88	36.94	45.25	52.88	57.90	64.14	67.92	70.32
美国	55.28	55.12	53.90	54.38	54.72	55.64	55.95	55.15	55.82	54.61
俄罗斯	15.34	15.53	15.44	15.37	15.85	16.03	16.16	16.70	16.68	17.09
印度	11.44	11.87	12.04	12.27	12.82	13.47	14.11	15.04	16.12	17.43
日本	11.98	12.20	12.02	12.17	12.37	12.60	12.38	12.32	12.51	12.08
德国	8.24	8.32	8.56	8.31	8.36	8.29	8.10	8.12	7.87	7.87
加拿大	4.78	5.378	5.278	5.22	5.53	5.56	5.63	5.49	5.44	5.44
英国	5.36	5.44	5.51	5.32	5.41	5.46	5.42	5.43	5.30	5.23
南非	3.71	3.69	3.63	3.48	3.81	4.14	4.08	4.06	4.33	4.36
法国	3.71	3.66	3.86	3.80	3.87	3.90	3.92	3.82	3.74	3.77

数据来源：根据世界银行 WDI 数据整理所得。

一些。进一步对 1999—2008 年十年间世界主要碳排放国家的碳排量数据进行分析，依然可以看出中国和美国是世界上二氧化碳排放量最大的两个国家，而且远远超过其他国家。从表4－3中可以看到，2005 年以前美国的碳排放量对全球碳排放的贡献最大，而且超过中国的幅度也比较大。而中国从 2005 年开始，碳排放量超过了美国，一跃成为世界上碳排量第一大国。美国的碳排放总量虽然很大，但基本维持着 53 亿～56 亿吨之间，其他几个国家的碳排放量增长速度也比较平稳。而中国自 2003 年以后，碳排量速度迅速增加，并很快超过美国。在未来很长一段时间里，中国和美国都将面临这巨大的减排压力，而且两国能否实现减排目标不仅关系着两国经济的发展，更重要的是关系着全球环境、经济和社会的发展。

全球二氧化碳的排放量增加进而引起的全球变暖会给人类经济、社会和环境都带来很大的危害，主要变现在以下方面：

对生态系统的影响。在热带潮湿地区和高纬度地区，水量增加，在中纬度和低纬度地区，水量减少，干旱增多。飓风、洪涝和干旱出现的频率增高。海平面上升，海水侵蚀陆地，许多沿海城市、岛屿、低洼地区、海岸带湿地面临逐渐缩小，甚至被海水吞没的危险，沿海附近的居民受到海岸带洪水和风暴的威胁。生态系统中，生物分布迁移，物种数量减少甚至灭绝。海水酸性增加，加速珊瑚、浮游生物的减少，进而影响整个海洋生物链。淡水系统盐化，水质发生改变。地下水资源减少，面临数亿人缺水的压力。地表水海藻大量繁殖，供水受到污染。

对经济发展的影响。农业生产和粮食安全是人类赖以生存的基础。二氧化碳排放量增加导致的气候变暖和降水变化，会使某些谷类作物产量降低，病虫害多发。强降水区域土壤被雨水侵蚀、浸透导致无法耕种；干旱地区土地退化，农业灌溉困难，火灾危险增大，土地沙化加速。农作物受损或歉收，会使更多的人面临饥饿而引起更严重的社会危机。由于缺少粮食和牧草，大量的牲畜饿死或被宰杀，畜牧业的发展受到影响。二氧化碳排放也会对林业发展造成影响，土地退化，林产品产量降低，病虫害增加，森林防火压力较大。资源和能源的减少造成工业生产原料供应压力，工业发展受到阻碍。人居环境空气质量下降，旱涝、高温、冰雪等极端气候事件破坏基础设施，造成房屋坍塌、交通瘫痪、供电供水中断等一系列问题，使人居环境水平和生活质量下降。

对人健康的影响。实验证明，当空气中的二氧化碳含量达0.07%时，对气体敏感的人会感觉有不良气味和不适；当碳含量达0.1%时，人们普遍会感觉不适；当达到3%时，身体不适，深呼吸增加；当达到4%时，会出现头痛耳鸣、脉搏滞缓、血压上升等症状；当碳含量超过8%时，会出现呼吸困难，意识昏迷，严重的导致死亡。全球二氧化碳排放量的增加，会导致人体患腹泻、心脏疾病、呼吸病、皮肤疾病和传染疾病等疾病的几率增加。由飓风、洪水、干旱、高温、寒冷等导致的死亡率会上升，并且自然灾害的发生会引发疾病大面积、快速度传播。疾病的传播媒介和传播范围更广，给人类的健康带来了严重危害。近年来暴发“非典”、禽流感等疾病基本上是在某个地方暴发进而迅速在整个国家甚至全世界范围内传播。

综上所述，进入工业化时代以后，人类的活动引起了以二氧化碳为主的温室气体排放的大量增加，导致了全球气候变暖，气候系统又通过生态系统严重削弱了人类的经济社会发展的可持续能力，因此，人类必须走一条低碳发展之路，降低二氧化碳排放量，减缓和适应气候变暖，才能促进人类经济、社会与环境的可持续发展。人类社会经济发展与二氧化碳排放以及气候变化的关系，如图 4-4 所示。

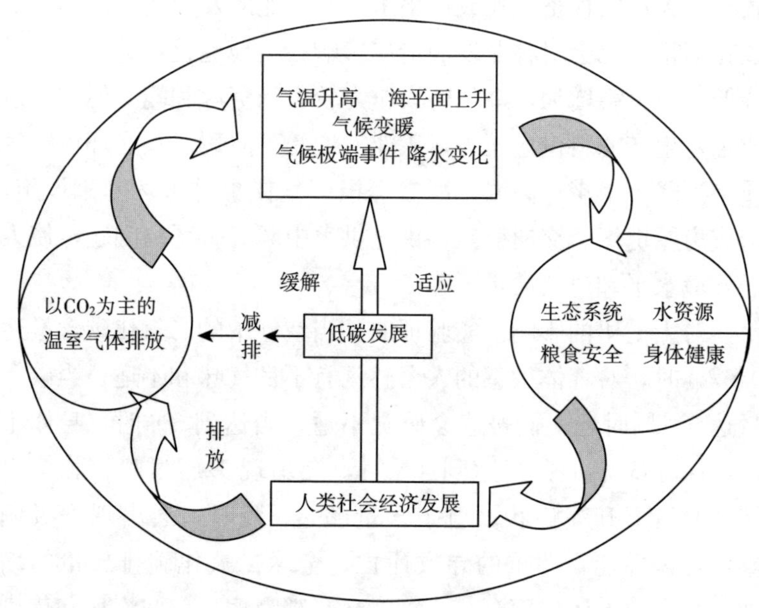

图 4-4 人类社会经济发展与二氧化碳排放以及气候变化的关系

4.1.2 林业发展与降低二氧化碳排放

森林是陆地生态系统的主体，其自然属性上的特殊性决定了在降低二氧化碳排放量的过程中，森林资源具有不可替代的作用，而且这种作用得到了全世界的普遍认可。

森林的吸碳功能。森林是地球的呼吸器。二氧化碳虽然是最重要的温室气体，但却是植物生长过程中不可缺少的营养物质。植物的叶子通过光合作用，吸收二氧化碳释放氧气。研究表明，森林每生长 1 立方米大约吸收 1.83 吨二氧化碳，释放 1.62 吨氧气。从全球范围来看，热带森林吸收二氧化碳量为 11.5～36 吨/每公顷，温带森林吸收 2.5～27 吨/每公顷，寒温带森林为 2.9～8.6 吨/每公顷。根据《中国林业与生态建设状况公报》，1980—2005 年，中国森林累计吸收 46.8 亿吨二氧化碳。

森林的固碳功能。森林是陆地最大的储碳库。植物通过光合作用将太阳能转化为化学能，将二氧化碳转化成有机物，固定在生物量中的过程就是碳汇功能。根据 IPCC 的估算，全球森林生态系统贮存了 1.15 万亿吨碳，占整个陆地生态系统储碳总量 2.48 万亿吨的 46%。根据方精云等人对 1981—2000 年中国陆地植被碳汇的估算，截至 2000 年初中国森林总碳库为 59 亿吨，相当于 20 年里中国工业二氧化碳排放量的 5%～8%[53]。中国森林资源在吸碳固碳功能上表现出了强大的潜力。

森林吸碳固碳的经济功能。森林是最经济的吸碳器。森林在吸碳固碳过程中，不仅可以降低二氧化碳量，还有利于净化空气，提高空气质量。由此可见，森林自身的生物特性决定了其在吸收二氧化碳方面不仅几乎没有成本，而且还能创造生态效益和社会效益。森林的吸碳固碳功能还可以通过碳汇交易创造经济效益。因此森林吸碳、固碳投资少、综合效益大，具有很强的生态、社会、经济效益和现实可行性。

森林虽然在降低碳排量方面显示出了巨大优势，但从全球来看，林业却导致了全球碳排量的增加。根据 IPCC 的测算，从行业来看农业、林业、工业、交通、能源供应等都会产生二氧化碳排放，各行业二氧化碳排放量比重见图4－5。

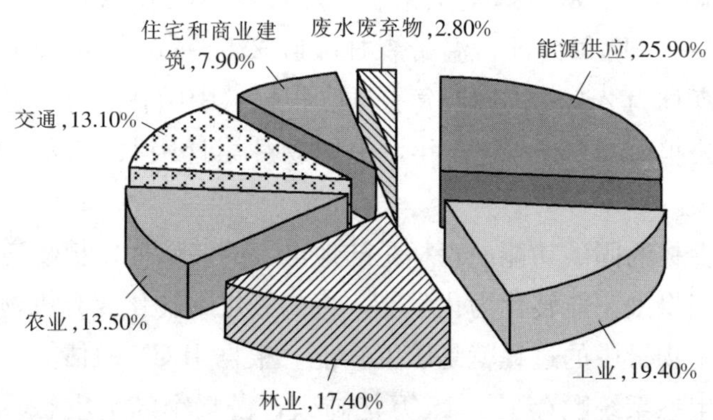

图4－5　各行业排放二氧化碳所占比重

数据来源：根据IPCC《第四次评估报告》数据绘制。

图4－5显示，林业排放二氧化碳的比重为17.4%，仅次于能源供应行业和工业，成为碳排放第三行业。造成这种现象的主要原因有：①森林破坏导致二氧化碳排放。植物储存的碳主要分布于地上和地下，土壤中的碳主要由凋落物转化而来，森林采伐、开荒毁林不仅会导致树木吸收二氧化碳的功能消失，还会使土壤储存的碳释放到大气中。21世纪以前，人口的增加急需扩大人类的活动空间，城市和农村扩大，一部分森林面积消失。人口的增长带来了粮食需求的增加，毁林开荒，森林要为农业发展和粮食生产让路。工业化刺激了经济的发展，需要大量的原材料，森林资源被大面积砍伐作为工业原料源源不断地输入到工业生产线上，大面积森林消失。直到20世纪末21世纪初，全世界才普遍呼吁和支持保护森林，森林破坏活动才逐渐有所节制。根据IPCC的估计，20世纪最后

50年，森林破坏引起的碳排量达810亿～1 910亿吨，其中87%是由于采伐毁林造成，13%是由于开垦造成。②林区经济发展带来的二氧化碳排放。林区内林产加工业、种植业、能源的耗用、农药的使用、交通发展、基础设施建设等活动都带来了二氧化碳的排放。因此，森林的自然属性虽然本身具有减排功能，但林业还是高碳行业，林区作为一个整体来讲还沿袭着高碳经济发展模式。

黑龙江国有森工林区作为中国最大的国有林区，森林覆盖率高达83.9%，具有很强的减排潜力。但黑龙江国有森工林区在20世纪中后期同样也经历了森林大规模采伐为中国工业化提供原材料的历程，资源消耗严重。随着天然林保护、退耕还林等重点生态工程的实施，林区森林资源得到了一定程度的保护和恢复，但林区经济还未成功实现以木材为中心向以生态建设为中心的转型，第一产业中的采运业和第二产业中的木材加工业依然是林区经济增长点，这种经济发展模式削弱了经济发展的后劲。在当今全球共同降低二氧化碳排量和中国努力实现节能减排目标的时代背景下，未来无论是国家、区域还是行业，低碳将成为新一轮的最有力的竞争点。因此，探索一条低碳经济发展之路是改变当前林区低效、高耗发展模式，促进林区经济又好又快发展，帮助森工企业走出困境，提高林区居民生活水平的必由之路。

4.2　黑龙江国有森工林区碳排放测算

4.2.1　碳排放模型的选择

黑龙江国有森工林区要探索低碳经济发展之路，首先要考量当前林区二氧化碳排放状况。在“中国知网”上，以“二氧化碳排放量”为主题，对 2009 年至今的论文进行了搜索和筛选，一共 24 篇，分别从不同研究范围、运用不同方法对二氧化碳排放量进行了研究。如表 4-4 所示，目前我国对二氧化碳排放的研究成大部分集中在以区域为研究范围。例如黄敏等（2010）以江西省为例，定量研究了江西各市的二氧化碳排放量并进行了对比分析[54]。叶晓佳，孙敬水等（2011）测算了浙江省 1996—2008 年碳排放及各驱动因素对碳排量的贡献[55]。对黑龙江省碳排放的研究只有 1 篇，中国人民银行哈尔滨中心支行青年课题组（2010）对 1995—2008 年碳排放总量进行了研究[56]。而对于国有森工林区碳排放的研究目前在国内尚属于空白。主要的研究方法有 LMDI 分解法、KAYA 模型、STIRPAT 模型三种。

表 4-4　二氧化碳排放文献归纳统计

研究范围与研究方法	数量
研究范围：	
以全国为研究范围	5
以区域或省为研究范围	13
其中：以林区为研究范围	0
以黑龙江省为研究范围	1
以行业为研究范围	4
研究方法：	
LMDI 分解法	10
KAYA 模型	6
STIRPAT 模型	5
I-O SDA 模型	1
EIO-LCA 模型	1

检索时间：2011 年 10 月 26 日。

LMDI 分解法（Logarithmic Mean Divisia Index Method），又称为对数均值迪氏分解模型。Ang et al.（2001）提出的 LMDI 分解法通过利用产业部门的总和数据，通过指标的层次分解，进行时间序列分析和区域对比分析[57]。这种方法还解决了分解残差、数据为 0 和负值的问题，因此 21 世纪以后被广泛应用于工业和能源碳排放分析中。其在分析工业部门碳排放中构造的模型一般如公式 4－1 所示，其中：C 表示二氧化碳排放量，设定的部门个数和能源消耗种类数决定了 m 和 n 的取值，通过层次分解来分析二氧化碳排放。

$$C = \sum_{i=1}^{m} \sum_{j=1}^{n} c_{ij} \tag{4-1}$$

Ehrlich（1970）提出了著名的 IPAT 方程，认为影响环境（I）的因素为人口规模（P）、富裕程度（A）和科技进步（T），即 $P=I \cdot A \cdot T$[58]。IPAT 方程成为评估人类活动对环境影响的有效工具，但这种方法也存在着一些缺陷，如不能提供合适的数据对模型的适用性进行评估，忽视了个体行为方式对环境的影响等。Thomas Dietz et al.（1994）在 IPAT 方程的基础上提出了 STIRPAT（Stochasic Impacts by Regression on Population，Affluence and Technology）模型，通过定量的方法，分析各因素对环境的影响[59]。原始的模型如公式(4－2)所示，其中，α，β，δ，θ 分别表示影响的权重，e 表示随机误差。当 α，β，δ，θ 四个参量相等并等于 1 时，STIRPAT 与 IPAT 模型重合。很多学者在具体应用中，根据研究需要对原始模型进行进一步的分解，得出更多分解因素对环境的影响。

$$I_i = \alpha P_i^{\beta} A_i^{\delta} T_i^{\theta} e_i \tag{4-2}$$

20世纪末，日本学者Kaya Yoichi提出了著名的KAYA模型，专门用于研究二氧化碳排放及其驱动因素，揭示了二氧化碳排放量的推动力。他认为一个国家或地区的碳排放量受到人口数量、人均GDP、单位GDP能源强度以及单位能耗碳排放量四个因素的影响，反映的是碳排放与人口数量、经济发展和能源利用的关系[5]。其模型形式如下：

二氧化碳排放量＝人口数量×人均GDP×单位GDP能源强度×单位能耗碳排放量　　(4-3)

4.2.2　碳排放模型的构建

KAYA模型专门用于研究碳排量，以定量分析揭示碳排量的变化情况，并得到了国际社会的一致认可。因此，本书运用KAYA模型对黑龙江国有森工林区二氧化碳排放进行研究。在KAYA模型原始表达式（4-3所示）的基础上，构建了黑龙江国有森工林区二氧化碳排分析的模型，如公式（4-4）所示：

$$CO_2 = P \cdot \left(\frac{GDP}{P}\right) \cdot E \cdot K \tag{4-4}$$

其中，CO_2——黑龙江国有森工林区二氧化碳排放量；

P——黑龙江国有森工林区人口数量；

GDP——黑龙江国有森工林区生产总值；

E——黑龙江国有森工林区单位GDP能源强度；

K——黑龙江国有森工林区单位能耗碳排放量。

本研究数据将选取2001—2010年黑龙江国有森工林区的统计数据，这十年正值国家“十五”计划（2001—2005年）和“十一五”规划（2006—2010）的重要时期，也是林业改革和国有森工企业改制的纵深发展时期。因此，这10年无论对整个中国还是对国有森工林区都具有重要的时代意义。基于这一模型，测定黑龙江国有森工林区 2001—2010 年 10 中二氧化碳排放量及趋势，考量黑龙江国有森工林区碳生产力以判断当前林区经济的主要发展模式。

4.2.3　碳排放模型的变量说明与数据整理

4.2.3.1　人口数量

人口数量是考察碳排放的一个重要指标。在社会经济、技术条件不变的情况下，一般来讲随着人口数量的增长，碳排放量会增加。因为人口数量越多，对资源和能源的需求量就越大。黑龙江国有森工林区人口数量情况见表 4-5。总体来看，10 年来林区人口变动幅度不是很大，基本上呈先缓慢下降后缓慢增长的趋势。

表 4-5　黑龙江国有森工林区人口数量

年份	人口数量（人）
2001	1 601 652
2002	1 547 074
2003	1 567 397
2004	1 547 906
2005	1 537 614
2006	1 528 102
2007	1 538 047
2008	1 558 952
2009	1 559 887
2010	1 608 593

数据来源：《黑龙江森工统计年鉴》（2001—2010 年）数据整理得到。

4.2.3.2 人均 GDP（*GDP/P*）

GDP 是指一个地区或国家的经济所生产出来的最终产品和劳务价值的总和，是衡量区域经济发展状况的最佳指标。在高碳经济模式下，一般来讲，GDP 越大，碳排放量越多，因为高碳经济以化石能源为依赖，经济越发展化石能源消耗越大，碳排放量越多。在低碳经济模式下，GDP 的增长可能不会带来碳排量的增加，低碳或无碳能源和低碳产业是推动经济的主要力量。黑龙江国有森工林区的 GDP 总量、人均 GDP 及其发展趋势见图 4－6。从图 4－6 中可以看到黑龙江国有森工林区 10 年来 GDP 一直处于持续上升趋势，人均 GDP 也随之持续增加。

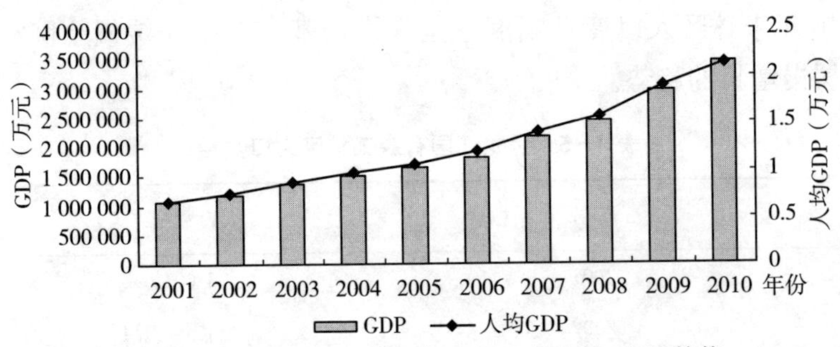

图 4－6　黑龙江国有森工林区 GDP 及人均 GDP 趋势

数据来源：根据《黑龙江森工统计年鉴》（2001—2010 年）数据计算分析得到。

4.2.3.3 单位 GDP 能源强度（*E*）

单位 GDP 能源强度是指每单位 GDP 消耗能源的数量。单位 GDP 能耗越大，说明经济发展对能源的依赖程度越强，它是衡量能源经济效率的重要指标。根据各种能源折算标准煤的参考系数（参见表 4－6），将黑龙江国有森工林区能源消耗量的计量单位统一折算成万吨标准煤，然后计算黑龙江国有森工林区能源消耗总量、能源强度的数据和变化趋势如图 4－7 所示。从总体来看，黑龙江国有森工林区10年来能源消耗总量呈上升趋势，能源强度呈下降状态，特别是2005年以后，单位GDP能耗平均以6%左右的速度持续下降。

表4-6 各种能源折算标准煤参考系数

能源名称	折标准煤系数
能源名称	折标准煤系数
原煤（Raw Coal）	0.714 3千克标准煤/千克
洗精煤（Cleaned Coal）	0.900 0千克标准煤/千克
洗中煤（Middlings）	0.285 7千克标准煤/千克
煤泥（Slimes）	0.285 7～0.428 6千克标准煤/千克
焦炭（Coke）	0.971 4千克标准煤/千克
原油（Crude Oil）	1.428 6千克标准煤/千克
燃料油（Fuel Oil）	1.428 6千克标准煤/千克
汽油（Casoline）	1.471 4千克标准煤/千克
煤油（Kerosene）	1.471 4千克标准煤/千克
柴油（Diesel）	1.457 1千克标准煤/千克
液化石油气（Liquefied Petroleum Gas）	1.714 3千克标准煤/千克
天然气（Natural Gas）	1.330 0千克标准煤/立方米
焦炉煤气（Coke Oven Gas）	0.571 4～0.614 3千克标准煤/立方米
煤焦油（Coal Tar）	1.142 9千克标准煤/千克
热力（当量）（Heat）	0.034 12千克标准煤/百万焦耳
电力（当量）（Electricity）	0.122 9千克标准煤/千瓦小时

资料来源：《中国能源统计年鉴——各种能源折算标准煤参考系数》（部分）。

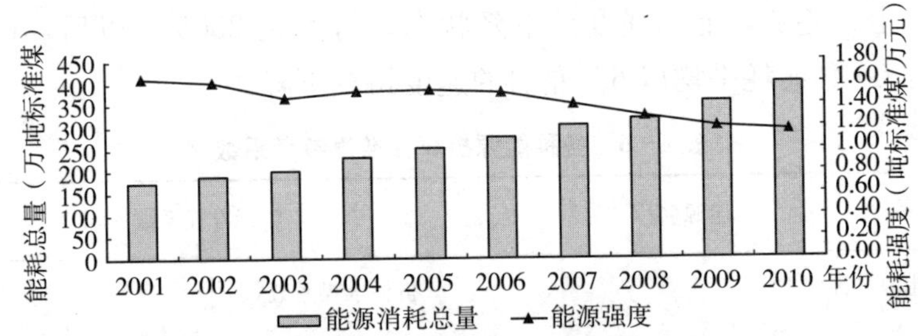

图 4-7 黑龙江国有森工林区能源消耗及能源强度变化趋势

数据来源：根据《黑龙江森工统计年鉴》（2001—2010 年）数据计算分析得到。

4.2.3.4 单位能耗碳排放量（*K*）

单位能耗碳排放量是指每消耗一单位的能源排放多少二氧化碳，是衡量碳能源结构的一项重要指标。由于热值和燃烧效率有所差异，不同的能源产生的二氧化碳排放量有很大的不同。单位能耗碳排放量的计算模型如下：

$$K = \frac{\sum_{i=1}^{n} U_i \cdot \lambda_i}{\sum_{i=1}^{n} U_i} \tag{4-5}$$

其中，U_i 表示第 i 种能源消耗量，λ_i 表示第 i 种能源的碳排放系数，n 表示能源的种类。对黑龙江国有森工林区的能源结构进行分析（图 4-8），发现 10 年来原煤和柴油的消耗总量占林区能源年消耗量的 70%以上，由此可见黑龙江国有森工林区主要以原煤和柴油两种能源消耗为主。因此，本研究中将 n 的取值设为 2。根据《2006 年 IPCC 国家温室气体清单指南》（参见表 4-7）中各种能源的碳排放系数，计算的单位能耗碳排放量如表 4-8 所示。总体来看，黑龙江国有森工林区的单位能耗碳排放量上升趋势。

表 4-7 各种能源碳排放系数

能源种类	碳排放系数
原煤（Raw Coal）	0.755 9
洗精煤（Cleaned Coal）	0.755 9
焦炭（Coke）	0.855
原油（Crude Oil）	0.585 7
汽油（Casoline）	0.553 8
煤油（Kerosene）	0.571 4
柴油（Diesel）	0.592 1
燃料油（Fuel Oil）	0.618 5
液化石油气（Liquefied Petroleum Gas）	0.504 2
天然气（Natural Gas）	0.448 3
焦炉煤气（Coke Oven Gas）	0.354 8

资料来源：《2006 年 IPCC 国家温室气体清单指南》（部分）。

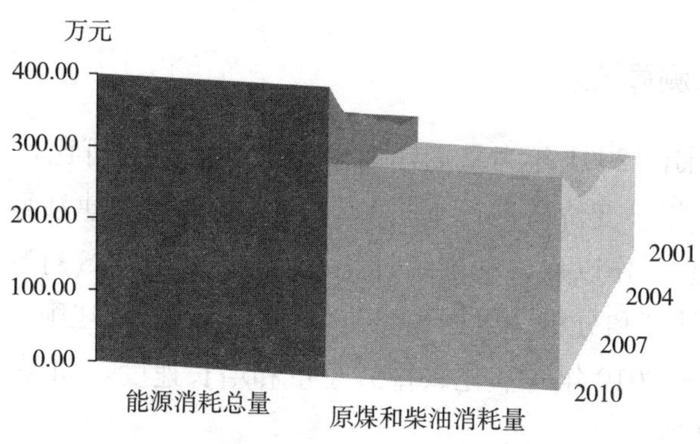

图 4-8 黑龙江国有森工林区主要能源结构

数据来源：根据《黑龙江森工统计年鉴》（2001—2010 年）数据计算分析得到。

表 4-8　黑龙江国有森工林区单位能耗碳排放量

单位：万吨

年份	单位能耗碳排放量
2001	0.598 721
2002	0.598 679
2003	0.599 117
2004	0.598 851
2005	0.598 791
2006	0.611 398
2007	0.624 202
2008	0.617 649
2009	0.621 523
2010	0.623 228

数据来源：根据《黑龙江森工统计年鉴》（2001—2010 年）数据计算分析得到。

4.2.4　测算结果

本书以 2001 年为基期，为了保证数据前后可比，GDP 按照 2001 年不变价格进行了折算。在完成模型构建和原始数据收集汇总工作以后，利用统计工具 Excel 和 SPSS 对数据进行处理、计算和分析。根据模型（4-4）得到黑龙江国有森工林区 2001—2010 年二氧化碳排放总量和增长速度，如表 4-9 和图 4-9 所示。

表 4-9 黑龙江国有森工林区二氧化碳排放量

年份	二氧化碳排放量（万吨）	环比增长速度（%）
2001	104.98	—
2002	113.43	8.05
2003	120.99	6.66
2004	137.87	13.96
2005	150.91	9.46
2006	168.07	11.37
2007	188.82	12.35
2008	196.76	4.20
2009	221.43	12.54
2010	248.70	12.32
平均增速		9.13

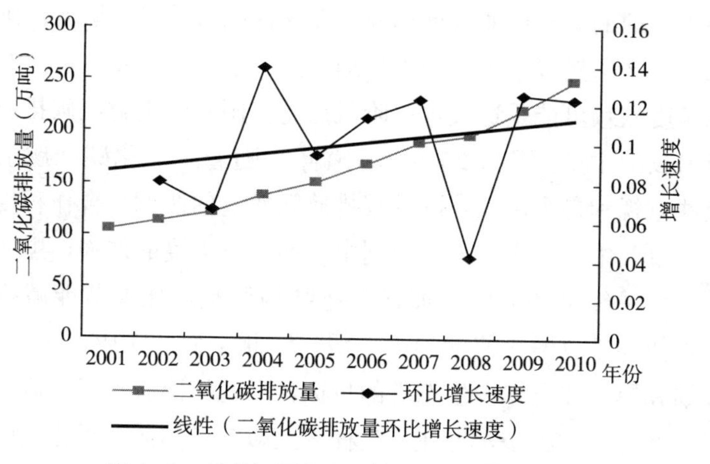

图 4-9 黑龙江国有森工林区二氧化碳排放量

4.2.5 测算结果分析

4.2.5.1 碳排放规模与速度分析

表4-9和图4-9的结果显示：从总体来看，黑龙江国有森工林区二氧化碳排放总量呈上升趋势，从2001年的104.98万吨增至2010年的248.70万吨，增加排放总规模为143.72万吨，年平均增长速度将近10%。从发展轨迹上来看，黑龙江国有森工林区二氧化碳排放大致经历了三轮的螺旋式攀升阶段，2004年增长速度达到最高。这一发展趋势基本符合黑龙江省碳排放的总体趋势：2001—2005年这一时期，黑龙江省二氧化碳排放量增长速度持续攀升并达到顶峰，而2006—2010年这五年黑龙江省二氧化碳排放量趋于平缓发展阶段[60]。2001—2005年正处在国家第十个五年计划的发展时期，经济发展进入了新一轮的快速增长，这一时期黑龙江省GDP平均增长速度维持在9%的高水平上，在产业结构调整中，主要以振兴装备工业、发展石化工业和食品工业为重点，以资源依赖型为特征的第二产业发展迅速。在这样的背景下，黑龙江国有森工林区依然以采运业和木材加工业为主，经济发展依然对能源高度依赖可能是造成这一阶段黑龙江国有森工林区碳排放快速增长的主要原因。2006—2010年，随着二氧化碳问题引起全球重视和各个国家在降低碳排放问题上的协调与合作程度加深，以及中国“十一五”规划中节能减排力度的加强，黑龙江省在发展经济的同时，加强产业结构调整，加大节能减排力度，使碳排放增长速度趋于平缓。因此，为了完成“十一五”规划和黑龙江省建设生态省的目标，黑龙江国有森工林区加快了生态建设的脚步，这在一定程度上减缓了林区二氧化碳的排放速度。综上所述，从这10年的碳排放规模与速度上来看，

当前黑龙江国有森工林区碳排放总量持续增加，碳排放速度总体呈上升趋势，阻碍了碳排放强度下降“40%～45%”这一减排目标的实现和经济的转型。

4.2.5.2 碳排放效率分析

碳生产力是衡量碳排放效率的重要指标，它是指一段时期内每单位二氧化碳排放创造了多少GDP，反映了单位碳排放所产生的经济效率。因为涵盖了“低碳”和“经济发展”两大目标，所以它成为衡量低碳经济发展水平高低的一个最具代表性的指标。碳生产力的提高意味着用物质能源消耗创造了更多的社会财富，其增长率也常被用于衡量一个国家或区域在降低二氧化碳排放量、应对气候变化方面所取得的成效。进一步计算黑龙江国有森工林区2001—2010年碳生产力，如表4-10和图4-10所示。

表4-10 黑龙江国有森工林区碳生产力的增量和增长速度

年	增长量（万元/万吨）	增长速度（%）
2001	—	—
2002	190.51	1.87
2003	979.77	9.44
2004	−368.62	−3.25
2005	−141.59	−1.29
2006	−12.61	−0.12
2007	611.42	5.64
2008	1 010.98	8.83
2009	953.75	7.66
2010	424.40	3.17

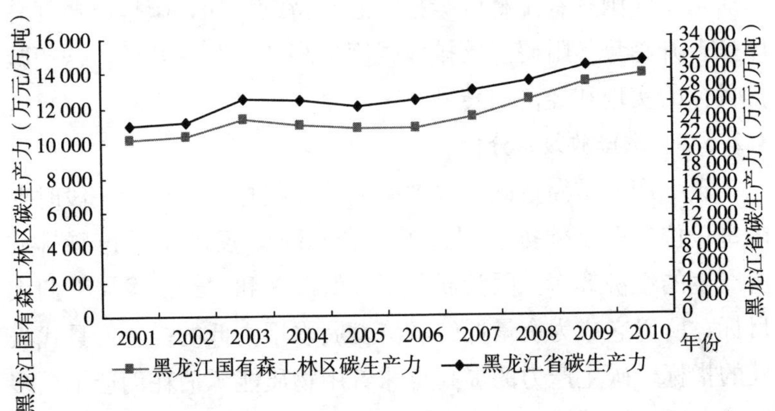

图 4-10　黑龙江国有森工林区与黑龙江省碳生产力对比图

2001—2010 年，黑龙江国有森工林区碳生产力呈小幅波动，从 2001 年的 1.01 万元/吨提高至 2010 年的 1.38 万元/吨，碳生产力增加总量 1.28 万元/吨，年平均增长速度约为 3.20%，10 年以 2003 年的增长速度最快，2008 年的增长量最大。碳生产力的发展趋势大致经历了三个阶段：第一阶段（2001—2003 年），这一时期黑龙江国有森工林区碳生产力不断提高，意味着碳排放产生的经济效益增长，从 2001 年的 1.01 万元/吨提高至 2003 年的 1.14 万元/吨，即每吨碳排放产生的经济效益增加额为 0.13 万元。第二阶段（2004—2006 年），这三年黑龙江国有森工林区碳生产力逐年下降，从 2003 年的 1.13 万元/吨下降至 2006 年的 1.08 万元/吨，即每吨碳排放产生的经济效益下降 0.13 万元。第三阶段（2007—2010 年），这几年黑龙江国有森工林区碳生产力呈平稳上升趋势。从 2006 年的 1.08 万元/吨上升到 2010 年的 1.38 万元/吨，即每吨碳排放产生的经济效益增加额为 0.20 万元。从总体趋势来看，黑龙江国有森工林区的碳生产力不断提高，意味着黑龙江国有森工林区的碳排放效率不断增强。但从全省来看，黑龙江国有森工林区的碳生产力比黑龙江省碳生产力的整体水平低了近1倍，可见黑龙江国有森工林区依然沿袭着传统的高碳经济发展模式。

4.2.6 研究结论

本节运用KAYA模型，对黑龙江国有森工林区二氧化碳排放量进行了测算：从总体来看，2001—2010年黑龙江国有森工林区碳排放总量持续增加，碳生产力虽然呈上涨趋势，但总体水平较低。因此，当前黑龙江国有森工林区依然沿袭着以高碳经济为主的发展模式。

黑龙江国有森工林区经过60多年的高强度开发，多年的粗放式经营，以木材生产为重心、以高碳能源消耗为特点的经济发展模式，使黑龙江国有森工林区经济的发展建立在对森林资源和能源的高度依赖基础上。随着林业“两危”问题的突出，黑龙江国有森工林区在发展过程中困难重重。在全球低碳发展和黑龙江建立生态省的背景下，当前的这种高碳经济为主的增长方式更让黑龙江国有森工林区的发展雪上加霜，林区改革遭遇瓶颈，在未来发展中也势必会受到碳约束机制的限制，削弱未来经济增长的潜力，丧失发展低碳经济的资源优势。因此，探索和加快林区经济低碳化转型将是未来一段时间林区发展的主要方向。

4.3 本章小结

（1）论述了全球气候变暖、二氧化碳排放量增加与人类社会经济发展的关系。工业化时代以后，人类的活动带来了二氧化碳排放量的大幅度增加，导致了全球气候变暖，气候系统又通过生态系统给人类的社会经济生活造成了威胁，因此探索一条低碳发展之路是实现人类可持续发展的必由之路。

（2）森林因自身特殊的自然属性，使其在吸收二氧化碳上有着不可替代的作用，这是林区发展低碳经济最大的潜力。但是从全球来看，林业作为一个产业依然是高碳产业，林区作为一个经济发展整体依然沿袭着高碳经济发展模式。

（3）在对大量数据进行收集、汇总和计算的基础上，运用KAYA模型，对黑龙江国有森工林区二氧化碳排放量进行了测算。通过测算发现当前黑龙江国有森工林区经济发展依然沿袭着传统的高碳经济发展模式，充分揭示了黑龙江国有森工林区发展低碳经济的紧迫性。

5 黑龙江国有森工林区碳排放驱动要素实证分析

根据第 4 章 KAYA 模型的测算结果，黑龙江国有森工林区碳排放量持续增加，碳生产力水平较低，依然持续着高碳经济发展模式。为了探索哪些因素推动了黑龙江国有森工林区高碳经济发展模式，本章首先还是用 KAYA 模型，研究哪些要素驱动了森工林区碳排放量的增长，进而运用回归分析方法，对碳排放驱动主要要素的影响因素进行进一步的研究。通过递进式的影响因素分析，找出黑龙江国有森工林区在加快经济转型，探索低碳经济发展过程中调整的方向和重点，以期为构建适合的低碳经济发展模式与探索黑龙江国有森工林区经济转型之路提供更可靠的依据。

5.1 黑龙江国有森工林区碳排放驱动要素分析

根据 KAYA 模型的测算结果，黑龙江国有森工林区碳排放持续增加，在考量了碳排放状况的基础上，必须弄清楚一些本质问题：哪些要素驱动了林区碳排放量的增长？各要素对碳排放的影响程度如何？只有回答了这些问题，才能有针对性地进行下一步的研究和制定措施。

5.1.1 碳排放驱动要素模型的选择

第四章运用 KAYA 模型研究了黑龙江国有森工林区碳排

放量，实际上KAYA模型除了用于碳排放量的测算之外，当前还更广泛地应用于国家或地区碳排放量驱动要素的研究。KAYA模型以定量分析碳排放变化过程中各种影响要素的相对重要性及其动态变化，揭示二氧化碳排放量的推动力，并结合因素分析法，找出各驱动要素对碳排放的影响方向和影响程度。张坤民（2008）运用KAYA模型，分别分析了人口、GDP、能源强度、碳强度对中国碳排放的影响，在此基础上提出了中国在发展低碳经济中面临的挑战并提出相应对策[12]。赵奥，武春友（2010）运用KAYA模型，对1990—2008年中国碳排放变动的影响因素进行了效应测算和贡献率分析，分析了经济效益、能源强度、人口效应、排放强度对碳排放的影响程度，并针对主要因素提出相应对策[61]。陈万龙，侯军岐（2010）运用KAYA模型对我国1990—2007年碳排放的影响因子进行了分析，并提出通过转变经济增长方式、调整产业结构、优化人口结构、改善能源结构等方式来促进中国低碳经济的增长[62]。孙秀梅、周敏等（2011）运用KAYA模型，对山东省1998—2009年碳排放演进特征和影响因素进行了研究并提出促进山东省低碳经济发展的策略[63]。在相关研究的参考下，本节继续使用KAYA模型来研究黑龙江国有森工林区碳排放的驱动要素，以论证各要素对碳排放的影响程度。本节依然选取2001—2010年黑龙江国有森工林区的数据，来分析影响黑龙江国有森工林区碳排放的驱动要素。

5.1.2 碳排放驱动要素分析

5.1.2.1 驱动要素影响计算

本节运用KAYA模型，依然选取2001—2010年黑龙江国有森工林区的数据，带入模型（4-4），分析四个影响因子——人口数量、人均 GDP、单位 GDP 能源强度以及单位能耗碳排放量分别对黑龙江国有森工林区碳排量的影响方向和程度，计算结果见表 5-1 和图 5-1。

表 5-1 各个驱动因素对黑龙江国有森工林区碳排放量的影响方向和程度

年份	人口效应	经济发展效应	单位 GDP 能源强度效应	单位能耗碳排放效应	总效应
2001	—	—	—	—	—
2002	−35 773.60	141 471.52	−21 137.45	−80.56	84 479.90
2003	14 900.58	174 938.01	−115 142.14	884.70	75 581.15
2004	−15 045.15	139 129.85	45 372.85	−613.12	168 844.44
2005	−9 167.10	120 095.96	19 600.66	−151.19	130 378.34
2006	−9 335.61	178 949.87	−32 702.23	34 655.81	171 567.85
2007	10 937.91	303 156.77	−145 313.83	38 731.22	207 512.08
2008	25 663.98	227 560.01	−152 957.42	−20 873.45	79 393.11
2009	1 180.08	415 123.04	−183 375.09	13 801.96	246 729.99
2010	69 139.52	282 286.32	−85 524.29	6 802.45	272 704.00
总效应	52 500.61	1 982 711.36	−671 178.93	73 157.83	1 437 190.86

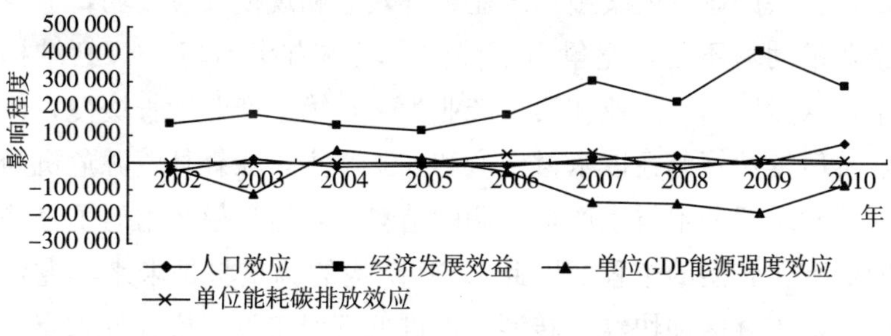

图 5-1 黑龙江国有森工林区碳排放驱动因素分析

5.1.2.2 计算结果分析

从表5-1和图5-1，可以对人口数量、人均GDP、单位GDP能源强度以及单位能耗碳排放量四个因素按影响程度大小做以下分析：

经济发展速度：GDP的变化对碳排放量产生重要的正向影响，在四个影响因子中，GDP的影响程度最大。其历年对碳排量的影响无论从数量上还是从比重上都是最大的，且每年影响程度都在80%以上。10年GDP的发展共计产生了增量二氧化碳198.27万吨，占10年二氧化碳增量总量的137.96%。假设其他因素不变的情况下，黑龙江国有森工林区经济发展速度越快，碳排放量将以更快的速度增加。因此，在发展经济的同时如何抵消掉经济快速发展带来的碳排放的增加，实现低碳发展是未来黑龙江国有森工林区工作的重点。从林业“两危”问题的出现至今，黑龙江国有森工林区虽然一直在进行产业结构的调整，但从效果来看不是很理想。“十一五”期间，黑龙江国有森工林区的GDP总量持续上升，但综合水平较低。土地面积和人口数量分别占黑龙江省总数的22%和4%，2010年产业的增加值对全省GDP的贡献仅为1.4%。在木材生产指标大幅度下降的情况下，旧产业发展滞后，接续产业投入不足，新兴产业发展缓慢。产业集群效应和规模效应较弱，造成企业带动力不足，竞争力不强，市场占有率不高。GDP结构中，依然以第一产业和第二产业为主，第三产业增长缓慢，产业价值依然停留在以木材生产和加工为主，在森林资源危机尚未得到缓解和木材生产量下调的情势下，这种模式阻碍了经济向低碳化转型的进程。因此GDP结构的调整将是未来黑龙江国有森工林区加快经济转型，促进低碳经济发展模式的重点。

单位GDP能源强度：从计算结果来看，单位GDP能源强度对碳排放产生了显著的负向影响，因此这项指标的降低对抑制碳排放量有着重要意义。黑龙江国有森工林区经济发展依然是能源依赖型，在能源消耗中原煤和柴油的消耗占能源消耗总量的70%以上，这种以高碳化石燃料为基础的能源结构必然导致经济发展对碳排量的依赖。黑龙江省煤炭和石油储存量丰富，预测煤炭储量176亿吨，预测石油储量110亿吨。柴油作为石油的提炼产物，是交通工具、机械用器的燃料，也可以用来发电取暖等。一方面，煤炭和柴油本身具有的储藏量丰富、开发技术成熟、价格便宜等特点使其长久以来一直作为主要能源来支持经济发展和社会生活；另一方面，由于技术限制煤炭和柴油的利用当前来说还是直接消费，这使其成为破坏生态环境的主要污染源。不仅黑龙江国有森工林区，整个中国甚至全世界都面临着煤炭、石油等高碳能源的两难抉择。如何改善能源结构，将高碳能源低碳化是未来经济发展急需解决的重大课题。

人口效应：人口数量对黑龙江国有森工林区碳排放量基本产生正向影响，影响程度总体来看相对较小，只有在2002年和2010年比较显著。从原始数据来看主要是黑龙江国有森工林区10年中人口总数波动不大，因此对碳排量的变化影响程度不显著。

单位能耗碳排放：这项指标对黑龙江国有森工林区碳排放产生基本正向影响，且影响程度不大。从黑龙江国有森工林区2001—2010年的能源消耗结构来看，原煤和柴油的消耗量占绝大部分，这是一种明显的高碳能源结构，在资源有限的情况下，这种能源结构不仅会增加碳排放还会制约经济发展的潜力。因此，如何优化能源结构，发展新能源以降低能源消耗带来的碳排放是黑龙江国有森工林区实现低碳化转型的关键。

综上所述：从影响方向看，人口数量、经济发展、单位能耗碳排放三个因素对黑龙江国有森工林区碳排放量基本为正向影响，即当前经济环境不变的话，人口增长、GDP 增长、能耗增长都会导致黑龙江国有森工林区碳排放量的增加。单位GDP 能源强度则主要为负向影响，即黑龙江国有森工林区能源效率在不断提高。从影响程度上看，经济发展和单位 GDP能源强度是影响黑龙江国有森工林区碳排放的主要因素，而人口数量和单位能耗碳排放对碳排放影响较低；从结果来看，总的正向驱动效应大于总的负向驱动效应，从而使黑龙江国有森工林区碳排放量呈现不断上升的趋势。从以上的分析中可以看到经济增长和能源强度是影响黑龙江国有森工林区的两大主要驱动要素。在下一节中继续对着两个主要驱动要素进行展开分析。

5.2 黑龙江国有森工林区碳排放主要驱动要素的影响因素分析

在上一节的分析中，基于 KAYA 模型，得出四个碳排放驱动要素中经济发展和能源强度这两大要素对黑龙江国有森工林区碳排放起着至关重要的作用，因此进一步探讨影响经济发展和能源强度的因素对黑龙江国有森工林区加快经济转型和促进能源结构优化，实现低碳发展具有重要的现实意义。本节运用回归分析，对黑龙江国有森工林区碳排放的两个主要驱动要素——经济发展和能源强度的影响因素进一步进行实证分析，为黑龙江国有森工林区低碳经济发展模式的构建提供更具体、更可靠的依据。

5.2.1 实证方法的选择

回归分析（Regression Analysis）是研究事物内部变化和规律的统计学方法，通过确定变量之间的共变关系来分析某个变量的变化在多大程度上可以由其他变量的变化来解释和预测。20 世纪 70 年代回归分析在我国开始得到关注，特别最近几十年随着计算机技术的普及，回归分析被广泛地应用于经济学、管理学、农学、医学、气象学等各个领域的研究，从而使其在理论和实践上逐步完善。石春娜、王立群（2006）运用回归分析研究我国森林资源的消长与经济增长的关系，实证分析表明经济增长是影响和决定森林资源消长的重要因素[64]。李敏（2010）运用多元回归分析，考察了家庭人口规模、人均土地面积、家庭非农人口规模等 9 个因素对农村土地流转的影响方向和影响程度[65]。李允标、李铭娟等（2011）以上饶县为例，运用多元回归分析，研究了促进县域经济发展的主要因素以及各因素对县域经济的影响程度[66]。鲁兴华（2011）运用多元回归分析，研究了人口、GDP 增长对我国能源消耗的影响，并在此基础上提出了未来能源发展的政策建议[67]。

回归分析中，设 Y 是一个随机变量，它受到 p 个非随机的自变量 X_1，X_2，…，X_p 和随机因素 u 的影响。在实际分析中，我们往往需要进行多次独立观测，以取得 X_p 的 n 组样本数据（X_{1p}，X_{2p}，…，X_{tp}；Y_t），$t=1$，2，…，n，自变量 Y_t 与因变量 X_{tp} 的多元线性回归模型为：

$$Y_t = b_0 + b_1 X_{1p} + b_2 X_{2p} + \cdots + b_p X_{tp} + u_t \qquad (5-1)$$

其中，b_0，b_1，…，b_p 是 $p+1$ 个未知参数，u_t 是相互独立不可测的随机误差，常假设其满足 E（u_t）$=0$ 且方差符合

正太分布 $u_t \sim N\ (0,\ \sigma^2)$，$t=1,\ 2,\ \cdots,\ n$。

在多元回归分析中我们用最小二乘法来估计多元回归模型中的未知参数 b_0，b_1，…，b_p，根据最小二乘法的原理，使观测值 Y 与估计值 Y 的残差在所有样本点上达到最小，即满足 $Q\ (b)$ 最小的 $\hat{b}$。

$$Q = \sum_{t=1}^{n}(Y_t - \hat{Y}_t) = \sum_{t=1}^{n}$$

$$(Y_t - b_0 - b_1X_{t1} - b_2X_{t2} - \cdots b_pX_{tp})^2 = \min \quad (5-2)$$

对 Q 求偏导，得参数 b 的最小二乘估计为：$\hat{b} = (X^TX)^{-1}X^TY$

则 $\hat{Y}=\hat{b}_0+\hat{b}_1X_1+\hat{b}_2X_2+\cdots\hat{b}_pX_p$，成为经验回归方程。

将 X_p 的数据带入回归方程，可得因变量的拟合值为：

$$\hat{Y} = \hat{b}X$$

回归方程的显著性检验（F 检验）是用方差分析方法来判定回归模型在一定显著性水平上整体的合理性，即自变量 X_p 对因变量 Y 在整体上是否具有明显的影响。

假设：H_0：$b_1=b_2=\cdots=b_p$；H_1：b_i，$i=1,\ 2,\ \cdots,\ p$，且不全为零

如果 H_0 不被接受，接受备择假设，则回归方程的显著性是有意义的；反之如果 H_0 被接受则认为回归方程不显著。为构造检验 H_0 的统计量，可将总偏差 SST 进行分解：

$$SST = \sum_{t=1}^{n}(Y_t - \bar{Y})^2 = \sum_{t=1}^{n}(Y_t - \hat{Y}_t)^2$$

$$+ \sum_{t=1}^{n}(\hat{Y}_t - \bar{Y})^2 = SSE + SSR \quad (5-3)$$

其中，SSE 为残差平方和，SSR 为回归平方和。因此，SSR 越大，说明由回归模型描述的 Y_t 的波动性就越大。根据多元线性回归模型的方差分析表（表 5-2），构建 F 统

计量。

表 5-2 多元线性回归模型的方差分析

方差来源	平方和	自由度	均方和	F 值
回归	SSR	p	$MSR=SSR/P$	$F=MSR/MSE=(SSR/P)/[SSE/(n-p-1)]$
误差	SSE	$n-p-1$	$MSE=SSE/(n-p-1)$	
总计	SST	$n-1$		

F 检验：当 H_0 为真时，统计量

$$F=\frac{SSR/P}{SSE/(n-p-1)}\sim F(p,n-p-1)$$

在给定的显著性水平 a 下，查 F 分布表，得临界值 $F_a(p, n-p-1)$，当 $F\geqslant F_a(p, n-p-1)$，则拒绝 H_0，接受备择假设，说明在 a 水平下回归模型是显著的，即 Y 与 X 的线性关系显著；反之，当 $F\leqslant F_a(p, n-p-1)$，则拒绝 H_0，认为回归模型不显著。

回归方程的显著性检验只能判定模型中的未知参数 b_0，b_1，…，b_p 不全为 0，但这并不意味着每个自变量 X_1，X_2，…，X_p 都对因变量 Y 产生重要影响。如果模型中含有对因变量 Y 无显著影响的变量，就会降低模型的稳定性和精确度，因此，在回归方程显著性检验的基础上，还需要对每个自变量进行检验，以剔除对因变量无显著影响的因素。

假设：H_0：$b_i=0$；H_1：$b_i\neq 0$，$i=1, 2, \cdots, p$

t 检验：当 H_0 为真时，统计量

$$t_i=\frac{\hat{b}_i}{S_i}\sim t(n-p-1)$$

其中，S_i 是第 i 个自变量对应的标准差。

$$S_i=\frac{S_{XY}}{\sqrt{SSX}}$$

$$S_{XT}=\sqrt{\frac{\sum_{t=1}^{n}(Y_t-\hat{Y}_t)^2}{n-p-1}}$$

$$SSX=\sum_{i=1}^{n}(X_i-\overline{X})^2$$

在给定的显著性水平 a 下，确定临界值 $t_{a/2}$（$n-p-1$）。若 $|t_i|\geqslant t_{a/2}$（$n-p-1$），则拒绝 H_0，接受备择假设，即 $b_i\neq0$，说明 X_p 对 Y 的作用是显著的；反之，则认为 X_p 对 Y 的作用不显著，应从模型中剔除。

拟合优度检测是指评价一个多元回归模型对样本观测值的拟合程度。在回归方程的显著性检验中，从模型（5-3）可以看到，SSR 越大，说明由回归模型描述的 Y_t 的波动性就越大，即 Y 与 X_p 的线性关系越明显，模型的拟合程度就越高。因此，我们可以用回归偏差占总偏差的比例来评价多元线性回归模型的拟合程度，用 R^2 表示，因此 R^2 被称为可决系数或复相关系数。

$$R^2=\frac{SSR}{SST} \tag{5-4}$$

从模型（5-4）中可以看到，R^2 越趋向 1，模型的拟合优度越高。随着模型中自变量个数的增加，R^2 的值也会增加。为了防止通过增加自变量个数来提高模型拟合程度，因此在多元线性回归分析中，通常采用修正自由度判定系数来评价回归模型的拟合优度。

$$R_\alpha^2=1-\frac{MSE}{MST}=1-\frac{SSE/(n-p-1)}{SST/(n-1)}$$

$$=1-(1-r^2)\left(\frac{n-1}{n-p-1}\right) \tag{5-5}$$

5.2.2 黑龙江国有森工林区经济发展的回归分析

5.2.2.1 指标选取与数据处理

在第 4 章的分析中，选取了 GDP 作为衡量黑龙江国有森工林区经济发展的指标，因此，在本章的回归分析中将黑龙江国有森工林区 GDP 设为因变量 Y。一个区域的经济发展是通过多因素长时间共同作用的结果，很多研究者从不同角度来解释区域经济发展，因此得到的研究结论往往不一致，但各有其合理性。李允标、李铭娟等（2011）在以县域为研究范围中，认为 GDP 的增长受到农业发展、产业结构优化程度、城镇化率、就业率、投资、政府干预力度的影响，并以此建立了指标体系[66]。周一星（1990）以中国城市为研究范围，认为投资强度、工业结构、城市规模是影响经济发展的最重要的三个指标[68]。贾娜（2006）认为资本投入是不同城市 GDP 差异的决定性因素，城市产业结构是重要因素，外资额度是主要影响因素[69]。本书在参考类似区域研究的基础上，结合黑龙江国有森工林区的特点，选取林业发展水平、产业结构优化程度、就业率、投资强度、工业化水平作为因变量，分别设为 X_1，X_2，X_3，X_4，X_5。指标 X_1（林业发展水平）在此以第一产业产值来反映；指标 X_2（产业结构优化程度）通过第三产业占 GDP 比重来反映；指标 X_3（就业率）则通过在岗人数与林区总人口的比重来体现；指标 X_4（投资强度）用固定资产投资额来反映；指标 X_5（工业化水平）则通过林产工业产值占 GDP 比重来体现。

依据第四章的实证分析，本研究仍选择 2001—2010 年 10 年的数据作为分析的基础，相关数据均来自《黑龙江森工统计年鉴》。为保证数据在统计口径上的一致性，需要对原始数据通过标准化进行预处理。运用 SPSS 软件将不同纲量数据变成均值为 0，方差为 1 的标准化数据，经过处理后的指标数据表示为 ZX_p（$p=1, 2, \cdots, 5$），原始数据的标准化结果见表5-3。

表 5-3 黑龙江国有森工林区经济发展影响因素回归分析数据标准化

年份	$Z(X_1)$	$Z(X_2)$	$Z(X_3)$	$Z(X_4)$	$Z(X_5)$	$Z(Y)$
2001	−0.762 32	−1.986 31	−1.096 59	−1.447 46	−1.140 46	−1.134 61
2002	−0.740 54	−1.522 77	−0.960 93	−1.320 79	−0.978 14	−0.997 68
2003	−0.700 66	0.203 17	1.252 32	−0.630 4	−0.857 56	−0.747 16
2004	−0.646 2	−0.053 26	1.380 54	−0.403 78	−0.503 89	−0.567 94
2005	−0.540 19	0.198 24	1.036 75	−0.214 78	−0.493 14	−0.412 93
2006	−0.273 29	0.582 87	0.726 41	0.018 75	−0.195 45	−0.178 96
2007	0.085 43	0.208 1	−0.028 06	0.532 87	0.398 49	0.253 8
2008	0.192 54	1.273 25	−0.667 32	0.879 29	0.702	0.622 38
2009	1.051 85	0.395 49	−0.847 58	1.017 62	1.295 86	1.281 87
2010	2.333 39	0.701 22	−0.795 54	1.568 69	1.772 29	1.881 22

资料来源：根据《黑龙江森工统计年鉴》计算所得。

5.2.2.2 指标的相关性分析

相关性分析运用数学方法来反映变量之间变动的联系方向和联系程度，用相关系数 r 表示，$-1\leqslant r\leqslant 1$。$r>0$，表示两个变量之间是正相关关系，$r<0$，表示两个变量之间是负相关关系，$r=0$ 则表示两个变量不相关；$r=1$ 表示两个变量完全正相关；$r=-1$ 则表示两个变量完全负相关。通常情况下认为 $|r|>0.8$，表明两个变量之间有较强的线性相关关系，$|r|<0.3$，则表明两个变量之间的线性关系较弱。运用 SPSS 软件，将标准化后的指标数据进行相关分析，直接可以得到 pearson 简单相关系数及其统计量。将反映黑龙江国有森

工林区经济发展的自变量和因变量的观测值进行相关行分析，得到了变量间的相关系数矩阵（表 5 - 4），黑龙江国有森工林区的 GDP 与林业发展、投资、工业发展水平之间存在着很强的相关关系，与产业结构优化相关性一般，与就业率之间的相关性较弱。自变量中投资与工业发展水平之间也存在很强的相关性。

表 5 - 4 相关系数矩阵

		Zscore (X_1)	Zscore (X_2)	Zscore (X_3)	Zscore (X_4)	Zscore (X_5)	Zscore (Y)
Zscore（X_1）	Pearson Correlation	1					
	Sig.（2-tailed）						
	N						
Zscore（X_2）	Pearson Correlation	0.510	1				
	Sig.（2-tailed）	0.132					
	N	10					
Zscore（X_3）	Pearson Correlation	−0.429	0.299	1			
	Sig.（2 - tailed）	0.216	0.401				
	N	10	10				
Zscore（X_4）	Pearson Correlation	0.871**	0.832**	−0.157	1		
	Sig.（2 - tailed）	0.001	0.003	0.665			
	N	10	10	10			
Zscore（X_5）	Pearson Correlation	0.945**	0.682*	−0.358	0.969**	1	
	Sig.（2 - tailed）	0.000	0.030	0.310	0.000		
	N	10	10	10	10		
Zscore（Y）	Pearson Correlation	0.961**	0.683*	−0.342	0.965**	0.997**	1
	Sig.（2 - tailed）	0.000	0.030	0.333	0.000	0.000	
	N	10	10	10	10	10	

** Correlation is significant at the 0.01 level（2-tailed）

* Correlation is significant at the 0.05 level（2-tailed）.

5.2.2.3 多元线性逐步回归分析

根据自变量与变量之间的关系，构建多元线性回归模型：

$$Y_t = b_0 + b_1 X_{1t} + b_2 X_{2t} + \cdots + b_5 X_{5t} + u_t \qquad (5-6)$$

其中，b_0，b_1，…，b_5 是未知参数，t 为时间序列，因为数据取自 2001—2010 年，即 $t=1$，2，…，10。

为了避免自变量间强相关性的影响，本书采用逐步回归分来进行回归分析，结果如下：

表 5-5 自变量进入或剔除情况表

Model	Variables Entered	Variables Removed	Method
1	Zscore（X_5）	.	Stepwise（Criteria：Probability-of-F-to-enter <= 0.050，Probability-of-F-to—remove >=0.100）.
2	Zscore（X_1）	.	Stepwise（Criteria：Probability-of-F-to-enter <= 0.050，Probability-of-F-to-remove >=0.100）.
3	Zscore（X_2）	.	Stepwise（Criteria：Probability-of-F-to-enter <= 0.050，Probability-of-F-to-remove >=0.100）.

a. Dependent Variable：Zscore（Y）.

表 5-6 自变量总体拟合情况表

Model	R	R Square	Adjusted R Square	Std. Error of the Estimate	Durbin-Watson
1	0.997	0.993	0.992	0.088 487 58	
2	0.998	0.996	0.995	0.068 967 76	
3	0.999	0.998	0.997	0.050 894 32	2.652

a. Predictors：(Constant)，Zscore（X_5）；

b. Predictors：(Constant)，Zscore（X_5），Zscore（X_1）；

c. Predictors：(Constant)，Zscore（X_5），Zscore（X_1），Zscore（X_2）

d. Dependent Variable：Zscore（Y）.

表 5-7 回归方程检验的方差分析表

Model		Sum of Squares	df	Mean Square	F	Sig.
1	Regression	8.937	1	8.937	1 141.418	0.000
	Residual	0.063	8	0.008		
	Total	9.000	9			
2	Regression	8.967	2	4.483	942.564	0.000
	Residual	0.033	7	0.005		
	Total	9.000	9			
3	Regression	8.984	3	2.995	1 156.198	0.000
	Residual	0.016	6	0.003		
	Total	9.000	9			

a. Predictors：(Constant)，Zscore（X_5）；

b. Predictors：(Constant)，Zscore（X_5），Zscore（X_1）

c. Predictors：(Constant)，Zscore（X_5），Zscore（X_1），Zscore（X_2）

d. Dependent Variable：Zscore（Y）.

根据表 5-5 可以看到，逐步分析过程中自变量 X_5、X_1、X_2 先后进入了回归模型，而自变量 X_3、X_4 被剔除出模型。X_3 被剔除的原因是与 Y 的相关性较弱，而 X_4 由于与 X_5 的强相关，产生了共线性，从而 X_4 的结果可以通过 X_5 展现出来。由表 5-6 可以看出，三个模型的 R 及 R^2 都接近于 1；随着 X_5、X_1、X_2 的依次进入，AR^2 逐渐增大，并趋向于 1，说明模型的拟合优度和预测效果越来越好；DW 的检验值为 2.652，接近 2，说明残差与自变量之间是相互独立的，模型拟合理想。从表 5-7 方差分析中可以看到，三个模型的显著性概率 p 值都为 0.000，F 检验显示整体显著。其中第三个模型中 F 统计量为 1 156.198，说明 X_5、X_1 对 Y 有高度的线性关系，同时拟合效果也是最好的。从表 5-8 中，给出了各个模型的回归系数值，它们 t 值的概率 p 都在 0.05 以下，因此

表 5-8　回归系数估计及其检验表

Model		Unstandardized Coefficients		Standardized Coefficients	t	Sig.	Correlations			Collinearity Statistics	
		B	Std. Error	Beta			Zero-order	Partial	Part	Tolerance	VIF
1	(Constant)	0.000	0.028		0.000	1.000					
	Zscore (X_5)	0.997	0.029	0.997	33.785	0.000	0.997	0.997	0.997	1.000	1.000
2	(Constant)	0.000	0.022		0.000	1.000					
	Zscore (X_5)	0.831	0.070	0.831	11.791	0.000	0.997	0.976	0.271	0.106	9.399
	Zscore (X_1)	0.175	0.070	0.175	2.484	0.042	0.961	0.684	0.057	0.106	9.399
3	(Constant)	0.000	0.016		0.000	1.000					
	Zscore (X_5)	0.693	0.074	0.693	9.371	0.000	0.997	0.967	0.159	0.053	19.016
	Zscore (X_1)	0.268	0.063	0.268	4.256	0.005	0.961	0.867	0.072	0.073	13.758
	Zscore (X_2)	0.073	0.028	0.073	2.618	0.040	0.683	0.730	0.044	0.366	2.735

a. Dependent Variable：Zscore（Y）.

产业产值来反映林业发展状况。林业作为林区的基础性产业，其发展模式对林区经济发展发挥着主要的作用。由于森林自身的特点，林业在发展低碳经济中具有先天优势，因此黑龙江国有森工林区应该在营林和木材采运过程中促进森林资源的生态化生产，更好地发挥森林的吸碳固碳功能，以加速林区经济发展，降低二氧化碳排放。

回归分析表明，产业结构优化程度是黑龙江国有森工林区经济发展的重要因素，二者呈现出正相关关系。在指标设置中产业结构优化程度是通过第三产业占 GDP 比重来反映的，因此黑龙江国有森工林区第三产业的比重每提高 1%，经济发展将增加 0.073 个标准值。第三产业具有低污染、低耗能、低排放的特点，其在促进林区经济发展，降低二氧化碳排放上具有积极的作用。黑龙江国有森工林区应通过产业结构的升级，加大第三产业比重，将低碳产业培养成林区经济的新亮点来推动林区经济转型，促进林区走低碳发展之路。

5.2.3 黑龙江国有森工林区能源强度的回归分析

5.2.3.1 指标选取与数据处理

第 4 章 KAYA 模型的实证研究中，黑龙江国有森工林区能源强度是通过单位 GDP 能耗来反映的，在这一章的研究中，依然选取单位 GDP 能耗作为能源强度回归分析中的因变量 Y。经济发展和科技进步带来了能源消费的大幅度增加，能源的供需矛盾和能源消耗的环境约束已经成为制约国家、区域经济和社会发展的瓶颈。为了解决这一问题，很多研究者从不同角度出发，通过研究影响能源强度的因素，为未来能源的发展提出可行性策略。李树、陈刚（2010）从环保产业、资本强度、劳动强度、能源价格、产业结构、产权制度角度，分析了这 6 个因素对中国能源强度的影响的方向和程度[70]。王丹枫（2010）研究了经济发展水平、人口因素、技术因素、产业结构、能源价格变化对我国能源利用效率的影响变化趋势[71]。田志勇等（2011）从能源消费结构的角度分析了各种能源的结构对能源强度的影响[72]。彭丽莎、朱英（2011）以一、二、三产业为因素，分析了产业结构对我国单位 GDP 能耗的影响，以通过结构节能减排来缓解能源发展矛盾[73]。本书在参考相关研究的基础上，结合黑龙江国有森工林区能源消耗的实际情况，选取能源消费结构、产业结构、技术进步作为影响因子来分析黑龙江国有森工林区能源强度的变化。将能源消费结构设为 X_1，根据统计资料显示 10 年来原煤和柴油的消耗总量均占林区能源年消耗量的 70%以上，因此将原煤和柴油换算成标准煤后合计数占能源消耗总量的比重作为 X_1；将产业结构设为 X_2，在 GDP 中第二产业的比重最大，工业部门也是耗能最大的部门，在这里产业结构取自第二产业占 GDP 比重；将技术进步设为 X_3，技术进步实际上反映的是能源的利用效率，因此用产值的增量与能源消耗的增量之比来表示。本章仍选择 2001—2010 年的数据作为分析基础，相关数据来自《黑龙江森工统计年鉴》，按照指标要求对原始数据进行计算、分析，并将其标准化，原始数据的标准化结果见表 5-9。

表 5-9　黑龙江国有森工林区能源强度影响因素回归分析数据标准化

年份	$Z(X_1)$	$Z(X_2)$	$Z(X_3)$	$Z(Y)$
2001	−1.038 89	−0.533 74	1.150 68	−1.276 5
2002	−0.987 63	−0.405 11	1.176 27	−1.086 09
2003	−0.892 58	−0.864 68	1.105 64	−0.917 88

表 5－13　回归方程检验的方差分析表

Model		Sum of Squares	df	Mean Square	F	Sig.
1	Regression	8.776	1	8.776	313.866	0.000
	Residual	0.224	8	0.028		
	Total	9.000	9			
2	Regression	8.879	2	4.440	257.359	0.000
	Residual	0.121	7	0.017		
	Total	9.000	9			

a. Predictors：(Constant)，Zscore (X_3)；

b. Predictors：(Constant)，Zscore (X_3)，Zscore (X_1)；

c. Dependent Variable：Zscore (Y) .

根据表 5－11 至表 5－14 的回归结果显示，自变量 X_3 和 X_1 先后进入了回归模型，而自变量 X_2 被剔除出模型。由于 X_2 与 X_1 具有较强的正相关性，产生了共线性，从而 X_2 的结果可以通过 X_1 展现出来。R^2 和 AR^2 都接近于 1，DW 的检验值为 1.643，接近 2，模型的拟合效果好。模型的显著性概率 p 值为 0.000，通过 F 检验，即回归模型整体显著。模型回归系数 t 值的概率 p 都在 0.05 以下，因此回归系数通过显著性检验。根据上述的分析结果，确定最终的回归模型为：

$$Z(Y_t) = 0.192Z(X_{1t}) - 0.828Z(X_{3t}) \tag{5-9}$$

5.2.3.4　实证结果分析

模型（5－9）结果显示，能源消费结构和技术进步是影响黑龙江国有森工林区能源强度的主要因素。能源消费结构与能源强度呈现出正相关性，而技术进步与能源强度则呈现出负相关性，模型回归结果与理论预期一致。

回归分析表明，技术进步是影响黑龙江国有森工林区能源强度最关键的因素，它与能源强度之间呈现显著的负相关关

表 5-14 回归系数估计及其检验表

Model		Unstandardized Coefficients		Standardized Coefficients	t	Sig.	Correlations			Collinearity Statistics	
		B	Std. Error	Beta			Zero-order	Partial	Part	Tolerance	VIF
1	(Constant)	0.000	0.053		0.000	1.000					
	Zscore (X_3)	−0.987	0.056	−0.987	−17.716	0.000	−0.987	−0.987	−0.987	1.000	1.000
2	(Constant)	0.000	0.042		0.000	1.000					
	Zscore (X_3)	−0.828	0.079	−0.828	−10.523	0.000	−0.987	−0.970	−0.461	0.310	3.229
	Zscore (X_1)	0.192	0.079	0.192	2.443	0.045	0.880	0.678	0.107	0.310	3.229

a. Dependent Variable：Zscore（Y）.

6　黑龙江国有森工林区低碳经济发展模式构建

森林资源自身的特点使林区在发展低碳经济中具有先天优势，但当前黑龙江国有森工林区以木材生产加工为重心，以高碳能源消耗为主的经济发展模式阻碍了林区经济转型。在未来资源禀赋限制和碳约束机制下，黑龙江国有森工林区当前的高碳发展模式势必承受资源和碳排放的双重压力，削弱林区经济的竞争力和阻碍林区又好又快的发展进程。本章在前几章的理论研究和实证研究的基础上，以低碳经济发展内容为划分依据，以节能、低耗、清洁、高效导向，以产业结构升级和能源结构调整为重点，构建了黑龙江国有森工林区低碳经济发展模式，探索能够积极有效地促进黑龙江国有森工林区经济转型的低碳发展之路。

6.1　指导思想和基本原则

6.1.1　指导思想

在科学发展观的统领下，在循环经济、低碳经济、生态经济、区域经济、林业经济等理论基础上，通过对林区经济发展模式进行实证研究，构建黑龙江国有森工林区低碳经济发展模式。低碳经济模式是一个开放的复杂系统，既立足于黑龙江国有森工林区当前的状况，又与整个区域的经济、社会、环境发展有着紧密的联系。因此，黑龙江国有森工林区低碳经济发展模式的构建既要遵循经济发展的基本规律，又要符合黑龙江国有森工林区的实际情况，以绿色发展为目标，以产业发展方式改革和能源结构调整为重点领域，以节能、低耗、清洁、高效为特征，以科技创新为保障，以生态保护与建设、资源恢复、人居环境改善为方向，最终实现林区经济、生态、社会复合系统步入良性循环轨道。

6.1.2 基本原则

1. 坚持科学发展原则

低碳经济的发展不是一蹴而就的，需要一个长期的过程，因此必须立足眼前，放眼长远，坚持全面、协调、可持续发展的科学发展理念，统筹区域发展，统筹人与自然的和谐发展，不断增强资源和生态环境对经济、社会可持续发展的保障作用，促进黑龙江国有森工林区经济社会与人口资源环境的协调可持续发展。

2. 坚持统筹规划，重点突破原则

从黑龙江国有森工林区的实际情况出发，统筹规划、科学计划、合理布局、协调发展。既要进行长远战略性规划，又要进行中期、短期计划；既要有明确的总体目标和阶段性目标，还要有发展过程、发展方式。由于经济和环境的发展具有动态性特征，因此随着经济发展程度和环境变化适时调整，不断创新，以推动低碳经济发展模式的优化和升级。依据各地资源禀赋和地域特点，因地制宜，充分发挥当地优势，选择重点领域和重点区域进行突破，以点带面，带动式全面发展。

3. 坚持低碳发展与产业发展并重，增绿与增收并举原则

按照经济规律和资源特征，进一步优化产业结构，实现第一、第二、第三产业的协调发展；进一步推动产业低碳化转

济功能主导区和综合功能区三类地区，根据各区域的自然、经济、社会和生态的不同特点，选择不同的低碳经济发展模式。

生态功能主导区。是指地理位置偏僻、生态比较脆弱或生态功能重要的地区。该区域以生态公益林为主，如大江大河护岸林，坡度大的林区、国防林以及自然保护区等。这一区域的特点是以生态恢复为主，重点发挥森林的生态效益。因此，这一类地区应侧重选择森林培育生态化模式、森林碳汇模式、森林生态旅游休闲模式和森林生态文化产业模式。

经济功能主导区。是指交通条件较好、现有产业基础发展较好、发展林业产业所需要的原材料——森林资源相对较充裕的地区，这一区域以产业功能为主导。该区域适宜选择林产工业低碳重塑模式、产业结构低碳调整模式和清洁能源开发利用模式。以森林资源生产基地为基础，以木材精深加工业为主导产业，大力发展非林非木替代产业，发展以森林食品为核心的特色种养殖及加工业，以森林生态旅游业为主的现代服务业，以风电、水电、太阳能利用和生物质发电为主的清洁能源工业和高科技产业，打造产业集群和工业园区。

综合功能区。是以一定规模的城市为中心，该类地区人口集中，林业、农业和商旅服务业具有较好的发展基础，林产品的加工能力较强，产品附加值较高，其他工业较发达，商旅服务业层次也较高，第一、二、三产业的发展较为均衡。该类区域既涉及森林资源的保护和生态效应的发挥，又需要产业结构和能源结构的低碳化调整。因此，这一区域的林区可以选择上述几个模式进行组合，也可以综合几种模式的特点组成综合发展模式。

随着经济和社会的发展，林区居民也逐渐由自然朴素型的生活方式转向现代化的生活方式。这种生活方式是以煤炭、电力能源消耗为主，摩托车、小型汽车等也将走入林区居民的家庭。林区现在居民的住房大部分还是分散式的，甚至很多还是砖瓦房，耗能大。这种高碳的现代化生活方式不利于黑龙江国有森工林区的低碳化转型。低碳经济发展模式的构建目的要促进林区经济、社会、环境的综合发展，除了经济发展与改善环境，还要兼顾社会发展。因此，人居生活低碳化导向模式应该在生态功能主导区、经济功能主导区和综合功能区中普遍实施。

上述模式的具体含义、内容及其实施条件将在下节具体介绍。

6.3 低碳经济发展模式的构建

在理论研究和实证分析的基础上，在黑龙江国有森工林区低碳经济发展模式构建的指导思想、基本原则和选择因素的指导下，按照低碳经济发展的内容，构建了一个由八个子模式组成的低碳经济发展模式。这八个子模式分别以产业结构升级和能源结构调整为重点，兼顾社会发展，为黑龙江国有森工林区低碳经济的发展提供了可实现的路径。由于黑龙江国有森工林区具有综合性和区域性的特点，因此，在实践中林区内每个林管局、甚至每个林业局要因地制宜，根据自身的特点和资源条件，选择合适的模式来推动低碳经济的发展。

6.3.1 森林培育生态化模式

6.3.1.1 模式的内涵

森林培育生态化模式是在保护和改善生态环境的前提下，依照生态学、经济学、管理学的原理，将先进的林业科技和现

汇，实现“到2020年单位GDP碳排量比2005年降低40%～50%”的目标起到了积极作用。作为天保工程的重点实施区域，黑龙江国有森工林区应抓住天保工程的契机，充分利用天保工程政策和资金支持为黑龙江国有森工林区森林培育生态化提供的有利条件，更有效地保护和恢复黑龙江国有森工林区的森林资源，扩大森林面积，增加森林蓄积，促进发挥森林的生态效益，增强森林碳汇功能，既能为国家构建生态安全屏障，又能加快林业和林区的低碳化转型。按照国家“北休”的战略布局要求，黑龙江国有森工林区应继续实施好天然林保护工程，采取有效措施维持森林生态系统的自然性和完整性，促进生态系统的良性循环。

具体来讲，一方面可以通过“封、退、还、移”等多管齐下的方式，促进森林生态系统的修复。“封”是通过大面积的封山育林和封山禁牧，使森林资源在其自身生命特征和自然规律的作用下实现恢复和生长，充分发挥森林资源的生态自然修复能力；“退”是将山坡上的耕地全部实行退耕；“还”是在退耕地上植树造林，还以林木，通过退耕还林和科学的森林抚育，将无林地变成有林、疏林变成密林，逐渐修复林地生产力，扩大森林面积；“移”是指生态移民战略，即把居民从森林腹地移至山下地区，既方便了居民生活又减轻了人为活动对森林生态系统的干扰。另一方面继续调减木材生产计划，减少森林资源的消耗。

天保工程实施以来，一直在持续调减森林采伐量，以促进森林资源的保护和修复。黑龙江国有森工林区应该按照天保工程的战略规划，持续降低木材生产计划，一方面增加森林面积，另一方面加快林区经济由以木材生产为中心向以生态建设为中心转型。预计未来5年，黑龙江国有森工林区木材产量调减潜力为300万立方米，森林面积增加潜力为9万公顷，森林覆盖率的目标是85%。

2. 科学合理抚育森林资源

遵照生态学的原理，利用森林的自然动力，通过科学合理的森林抚育，使森林的生态效益、经济效益和社会效益得到最有效的发挥。黑龙江国有森工林区应该通过科学合理的森林资源抚育来实现森林培育生态化模式。

具体来讲包括以下措施：①遵循现有立地条件下的自然生长力，根据植被分布规律和天然演替规律，进行顺应自然条件的营林生产，尽量避免整地、土地改良、化肥和农药使用等破坏林地自然生长力的作业方式，以维护林地生产力和降低人类作业对环境的污染。②在现有立地条件下，根据自然生态群落树种的分布规律，选择和培育适宜现有立地条件生长的乡土植被类型，并尽可能提高其数量和质量，从而增强森林生态系统的稳定性。③根据生态规律，进行针、阔叶林混交搭配。针阔混交林比纯林生物多样性更加丰富，食物链更长，能形成更稳定的生物群落和更强的病虫害抵御能力。因此通过针叶混交可以提升森林生态系统的自我调节能力和生态平衡能力，并可实现生态防虫。④在混交造林的基础上，以复层异龄混交林替代单层同龄纯林。通过抚育、择伐和更新实现林分的异龄化，不同龄级、不同林种的演替生长，有利于增强森林的防护能力和可持续发展能力。⑤林木种质资源关系到提高林地生产力和森林质量，通过建立种子基地，培育遗传品质和播种品质较好的种子。加快建立和完善林木种质资源库、重点林木良种基地、重点林木采种基地、林木种苗基地等增强良种储备能力，提高造林良种率，通过繁殖高质量的林木，增强森林资源的抗逆性和森林生态系统的稳定性。综上所述，通过科学合理抚育森林

护了生态环境，又带来了经济利益的流入，提高了林区居民的生活水平，是林区低碳经济发展的最大潜力。

6.3.2.2 模式的特点

森林碳汇模式具有以下特点：

（1）补偿性。森林碳汇模式的实质是对森林生态价值的补偿，这种补偿不同于现行的森林生态补偿机制。前者是通过市场交易，使森林吸碳固碳的生态服务功能的价值和使用价值得到了充分的体现；而后者是通过财政支付，从当前来讲补偿规模和补偿标准都没有充分反映森林资源生态效应的应有价值。

（2）虚拟性。森林碳汇交易的是一种非实体的生态产品——森林的生态服务功能，或者说主要是二氧化碳排放空间，即一些国家或区域通过森林资源吸收和储存二氧化碳，形成碳储备，将这些碳储备以碳排放指标的形式卖给有需要的国家、区域、企业或个人，以抵消它们的二氧化碳排放，并非是把新鲜的空气保存下来卖给对方。

（3）多效性。增加森林碳汇的主要途径是增加森林蓄积量和培育碳汇林，直接结果是保护和恢复了森林资源，森林资源的保护和恢复又进一步增强了持续吸碳固碳能力，因此，森林碳汇模式能够促进森林资源的生态效益、社会效益和经济效益的发挥。

（4）低碳性。森林由于自身的自然属性，其在吸碳固碳上几乎没有成本，也不需要人为活动的干预，就能创造巨大的生态效益。再通过碳汇交易，将生态价值转化成经济价值，在这个创造经济价值的过程中，既没有能源消耗，也不会产生新的二氧化碳排放，因此是林区发展低碳经济最大的潜力。森林碳汇模式的运行机制见图 6－2。

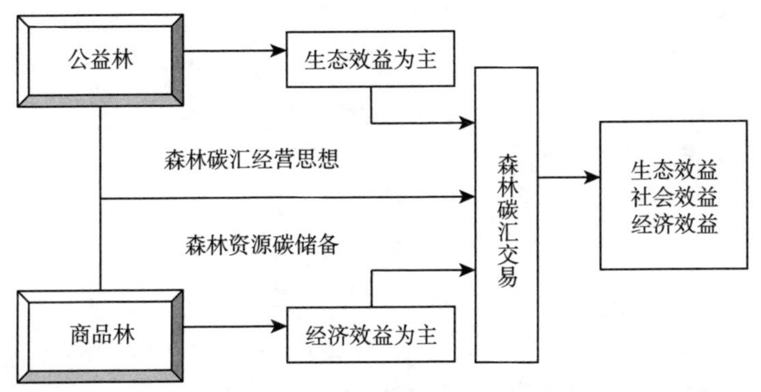

图 6-2 森林碳汇模式的运行机制

6.3.2.3 模式运行的路径

森林碳汇作为林区重要的战略储备资源，直接决定林区在未来的低碳经济竞争中能否占据有利位置。黑龙江国有森工林区应该通过实施森林碳汇模式抢占未来经济竞争的先机，增强低碳经济发展的竞争力。其具体运行的路径如下：

1. 确立森林碳汇经营思想

根据林业分类经营思想，我国的森林资源分为公益林和商品林。公益林由于其所处的特殊地理位置或者特殊的功能需求，因而主要发挥的是森林生态效益。商品林主要承担的是森林的经营活动，即满足市场对林产品需求的任务，因而主要发挥的是经济效益。但从森林碳汇功能上来看，无论是公益林还是商品林都有森林碳汇能力，因为森林碳汇能力的大小、固碳速度的快慢取决于自然因素而非人为因素。从经济学来看，在没有碳汇交易机制参与下，森林碳汇只是作为一种“公共物品”，具有正向外部性，即森林碳汇提供了生态效应，这种效应使很多人受益，但森林资源的保护和维护者却不能得到相应的报酬，从林区实际情况来看就是林区的居民保护和维护森林

然景观为主体，融合区域人文和社会景观，通过走进大自然、亲近大自然、了解大自然、享受自然生态功能，自觉保护自然、保护环境的一种新型旅游休闲方式。这种模式强调人类与自然资源和谐发展，是在可持续发展的前提下发展旅游和休闲项目，以生态效益为重点，以社会效益为目的，以经济效益为辅助，是一种低碳、高雅、文明的旅游休闲方式。

6.3.3.2　模式的特点

森林生态旅游休闲模式具有以下特点：

（1）生态性。保护生态环境是生态旅游休闲模式区别于传统旅游休闲的最大特点。生态旅游休闲模式要求旅游的开发者、旅游者都要约束自己的行为，自觉保护旅游资源和旅游环境，这是在不破坏自然环境和人文环境条件下一种追求人与自然和谐的新型旅游与休闲方式。

（2）专业性。森林生态旅游休闲模式在旅游项目和路线的设计、旅游服务的提供、旅游管理的实施上都要具有专业性，能够使游客在旅游期间获得享受大自然生态功能的精神满足感，从而激发游客自觉保护自然和生态环境。

（3）经济性。森林生态旅游休闲模式以森林的生态服务功能为依托，将森林的生态价值转化成经济价值，是有效发展低碳经济的一个重要领域。森林生态旅游休闲模式的运行机制如图 6－3。

6.3.3.3　模式运行的路径

森林生态旅游休闲是林区发展第三产业的亮点，也是林区低碳经济发展过程中培育的新的经济增长点。黑龙江国有森工林区要依托林区丰富的自然资源优势，合理进行布局，大力发展森林生态旅游与休闲。森林生态旅游休闲模式运行的路径如下：

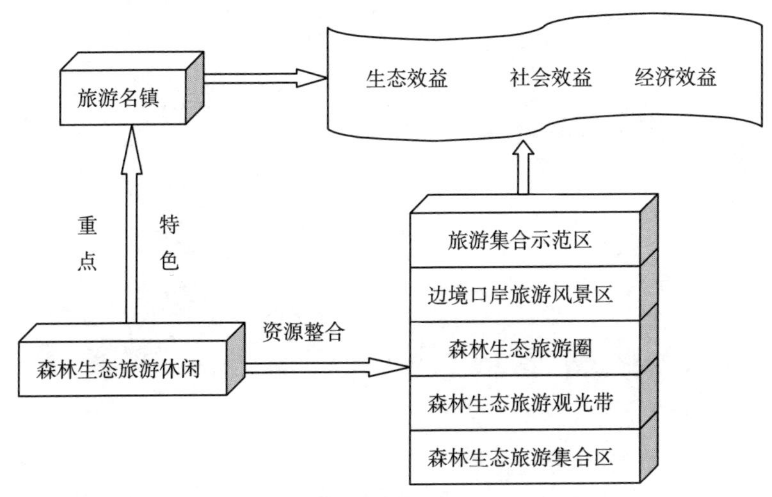

图 6-3 森林生态旅游休闲模式运行机制

1. 丰富的自然资源为发展森林生态旅游休闲业提供了战略资源

黑龙江老秃顶子、大秃顶子和平顶山都位于森工林区内，平均海拔 1 600 多米。受山区小气候的影响，冬日积雪长久不化，夏日林间时而艳阳耀耀，时而小雨霏霏。大沾河发源于小兴安岭，流经沾河林业局，汇于逊毕拉河，它水流湍急，穿行于崇山峻岭之间，两岸风光迤逦，河水清澈，河里鱼类资源丰富，一直保持着原始生态风貌。林区林地上生长着各种针阔乔灌树木，林下党参、刺五加、五味子等名贵中草药遍布林间，各种野菜野果是纯天然绿色食品。最具代表性的是红松原始森林，树冠交叉联络，林地上铺着一层厚厚的松针，在红松林里可以体味最原始的自然风貌。林区内野生动物种类多样，马鹿、梅花鹿、丹顶鹤、黑熊等珍贵野生动物在这里栖息繁衍。目前黑龙江国有森工林区已建成 50 个森林公园，其中国家森

体现综合性，要有自己的文化主题。度假区内配套设施要齐全，既要有可出售的度假房产，也要有可出租的简易住宅，还要有度假酒店，以满足各个层面度假者的需求。度假区内环境要好，度假区的开发不能以破坏区域生态环境为代价，要协调人与自然的和谐发展。此外，公共交通要发达。发达的公共交通意味着开放的旅游环境，这样才能吸引游客走进来，体验大自然的美好。

6.3.4 森林生态文化产业模式

6.3.4.1 模式的内涵

森林生态文化产业模式是指以森林为载体，以森林生态文化为内容，通过发展具有森林生态特色的文化产业，使生态文化产品专业化、市场化的一种先进的生态文化产业模式。这种文化模式以生态文明为方向，以崇尚自然、保护自然、人与自然的和谐为主体，使资源效益、文化效益和经济效益综合发挥，最终目标是构建和谐的文化体系。

6.3.4.2 模式的特点

森林生态文化产业模式具有以下特点：①精神产品。不同于实体产业产品具有物质性，森林生态文化产业的产品是反映森林生态特征的精神产品。这种精神产品能够陶冶情操，丰富精神生活，满足精神上的享受。②创新性。森林生态文化产业提供的产品是从不同角度，利用不同方式反映森林生态文化状态的原创品，具有地方特色。③广泛性。森林生态文化产业模式是向大众宣扬森林生态文化，提高公众自觉保护森林资源和环境的意识，这种宣扬和教育具有广泛适应性。森林生态文化产业模式的运行机制如图 6-4 所示。

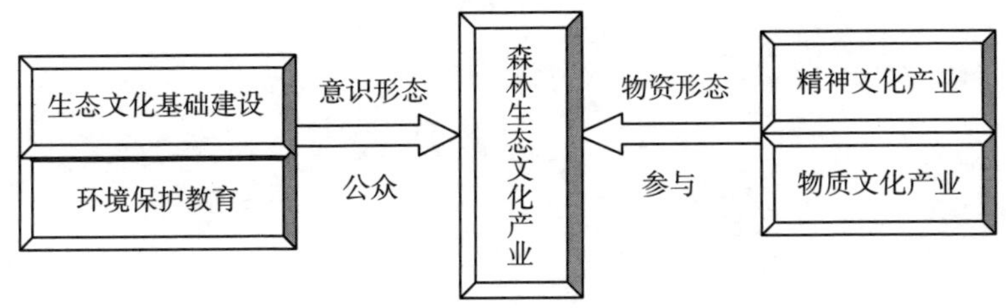

图 6－4 森林生态文化产业模式的运行机制

6.3.4.3 模式运行的路径

森林生态文化产业是一种低资源消耗、低能耗、低污染、高效率的朝阳产业，是低碳经济发展的创新领域。黑龙江国有森工林区森林生态文化产业模式运行的路径如下：

1. 生态文化基础建设

黑龙江国有森工林区的野生动植物自然保护区、森林公园、湿地公园等都是展示森林生态文化的主要源泉和重要阵地，它们直观的反映了森林生态系统的某个组成部分，能有效传播生态文化，提升生态文明观念。黑龙江国有森工林区应在资源优势的基础上，继续创建一批以野生动植物、湿地等自然保护区、森林博物馆、动植物标本馆、森林科技馆、森林公园为重点的生态文化教育基地，宣传生态文明，促进生态教育。

2. 环境保护教育

通过印发宣传材料、广播电视、文艺汇演、知识竞赛、有奖竞答等多种宣传形式，普及低碳知识、环境知识、生态知识和林业知识，让生活在林区的群众对身边的森林资源、动植物资源、湿地资源、生物多样性、生态平衡等有更加深入的了解，也让林区的居民对生态建设、生态安全、生态文明在林区经济社会发展中的重要作用有更充分的认识。将人与自然的和谐理念、和谐精神逐渐融入到林区居民的思想和社会生活的各

的经营方向和生产组织形式由单一林产品加工向环境保护和资源的综合利用调整，以市场为导向，整合资源，重新布局资源、产品、组织、技术，走低碳林业与市场紧密结合，同步发展的道路。

（2）一体化。林业产业是森林资源发挥经济效益的主要载体，发达的林业产业体系需要丰富的原材料作基础，因此林产的发展带动了营林生产。根据林业分类经营思想，目前我国承担为经济发展提供原材料任务的是商品林。林产工业低碳重塑模式以市场为导向，实现营林加工一体化，一方面通过调整林产工业结构促进经济的发展，另一方面通过合理布局商品林结构促进商品林建设，同时这种一体化以资源的有效利用和环境保护为前提，协调经济发展与环境保护的关系。

（3）集约化。林产工业低碳重塑模式通过资源整合，走集约化经营道路，通过联合、兼并、聚集等方式增强黑龙江国有森工林区林产工业竞争实力，通过技术改造节约资源、节能减排、清洁生产，实现林业产业低碳化转型。林产工业低碳重塑模式的运行机制见图 6－5。

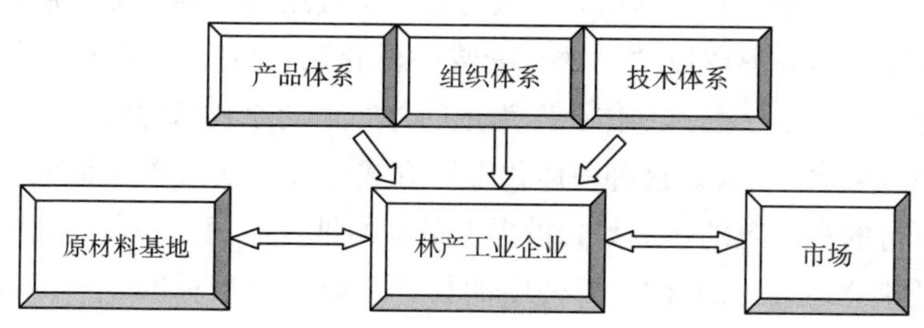

图 6－5 林产工业低碳重塑模式的运行机制

6.3.5.3 模式运行的路径

林产工业是林业经济中一项重要的产业，它以营林生产为基础，以市场为导向，传统的林产工业以木材加工为中心。黑龙江国有森工林区在低碳化转型过程中，通过林产工业低碳重塑模式，实现林产工业的低碳化发展，也是实现林业低碳化和林区经济低碳化必不可少的条件。林产工业低碳重塑模式具体运行的路径如下：

1. 产品体系低碳化重塑

相对于金属、水泥等基础耗材，木质林产品在加工过程中消耗的能源和排放的二氧化碳要低得多，并且由于森林吸碳固碳功能，只要不经过腐烂和燃烧，林木的碳汇会大部分转移到木质林产品中，因此，在发展低碳经济中，木质林产品的碳替代和碳储存功能使林产工业具有先天的节能减排优势。但是随着林业“两危”的出现，原材料供应日益紧缺成为制约林产工业快速发展的瓶颈，在保护和恢复森林资源的前提下，大力发展商品林，走林产营林一体化道路，是协调森林生态效益与经济效益，打开林产工业发展瓶颈的最好出路。黑龙江国有森工林区应以市场为导向，整合资源，以林产工业发展调整商品林结构，培育以“用”为主的工业原材料林、珍贵树种用材林及速生丰产用材林，为纸浆、人造板、家具用材等林产加工业提供原材料，形成以“林木—纸浆一体化”、“林木—板材一体化”、“林木—家具一体化”为主的林产带动原料基地的产品体系（见表 6－1）。这种一体化发展方式已经被实践多次证明是可行的和有效的。例如，世界上最大的纸业公司——美国国际纸业公司大约拥有 20 万公顷的林地，通过林场标准化，实现可持续的原材料供给。巴西的造纸巨头——阿拉克鲁兹公司也有大规模的工业原材料林，并利用良种培育，提高木材产量，降低了纸浆生产成本。

当然，单一以林木加工的产品体系不足以支撑整个林产工业产品的低碳化，未来的方向应该是以森林资源的综合开发和利用为目标。因此，黑龙江国有森工林区除了大力发展以“用”为主的原材料基地的建设，还要发展以“建”为主的生物质能源林、以“植”为主的特色经济林、以“培”为主的苗木和花卉基地，将森林资源综合开发为各种绿色产品、低碳产品，充分协调森林资源生态效益、经济效益、社会效益的发挥。

生物质能源林为林产工业低碳化调整提供了一个全新方向。生物质能源林是根据能源植物的特征，商品性状等进行生物质原料的培育，一般包括两种：一种是林油——能源树果子，这种果子含油量较高，可以通过技术把油变成各种合醇类再制成生物质柴油，可以作为汽油添加物用于交通工具中，并且排污量小；另一种是林电——发电用生物材，这种新型发电方式不会增加二氧化碳排放量，对环境影响不大。黑龙江国有森工林区有着巨大的开发生物质能源林潜力，是文冠果、蒙古栋等能源植物的主要分布区。当前应适度开展生物质能源林营造及改培实验，探索定向培育、立体开发、科学经营生物质能源林的新路子。本着布局科学，比例合理、经营优化、培育定向的原则，最终实现林油、林电一体化。

黑龙江国有森工林区应将特色经济林培育成新的经济增长点，形成以红松果林为主，以红豆杉、五味子、刺五加等药用林，蓝莓、核桃、榛子、沙棘等果用林，椴树、山槐等蜜源林为辅的特色经济林发展格局，在原料的基础上开展以药材的采集与加工为主的环保北药产业，以饮料、果脯、干货等的加工为主的绿色产品产业。

苗木和花卉的培育与加工是绿色产业发展的又一个方向，黑龙江国有森工林区应充分发挥资源优势，以海林、鹤立、双鸭山、兴隆、乌马河为重点，建设5个绿化苗木和花卉大型生产基地。以市场为导向，以技术为支撑，开发野生植物、花卉新品种，齐全乔木、灌木、花草品种，实行规模化培育、品牌销售，做大做强绿化苗木与花卉品牌。

2. 组织体系低碳化重塑

组织体系的低碳化重塑主要是通过规模化发展和产业聚集，增强黑龙江国有森工林区林产加工企业整体实力。①组建产业集团。加强森工企业与国内外一流企业的战略合作，按着集团化、规模化、市场化的原则，横向联合兼并，纵向延长产业链，组建跨行业、跨所有制、跨地区的人造板、家具、地板企业集团，通过品牌化战略打造高端名牌、中端口碑品牌，增强企业的市场竞争力和产品的市场占有率。②建设区域性工业园区，发展产业集群。可以以现有的12个木材工业园区为核心，培育一批年产值10亿以上的林业局级工业园区，以工业园区和区域优势为基础发展产业集聚，带动林区人造板、家具、木制品、装饰材料、板材生产加工基地发展。通过规模化发展和产业聚集使林产工业由粗放型的经营模式转向集约型经营模式。集约一方面带来了竞争力的提高，另一方面带来了资源的综合利用。集约只是初步完成了组织体系的低碳化的前提，要真正实现组织体系的低碳化，还需要在集约的基础上依靠技术，实现企业和林产加工的节约、节能、清洁、高效发展。

3. 技术体系低碳化重塑

推进节能减排，调整产品结构，坚持发展与节约并重，节约优先，大力推进节能、节水、节地、节材，加强资源的综合利用，提高资源的利用效率。黑龙江国有森工林区应对高耗能企业的生产能力和工艺技术进行梳理，淘汰落后产能，对不符合节能减排标准的企业进行整顿处理，甚至关停。严格控制建设项目的准入条件，限制高耗能、高排放项目开工建设，防止高碳行业规模的扩张。促进企业节能减排。资源的投入节约化，尽量通过废弃物循环使用，节约资源。能源利用清洁化，通过高碳能源清洁化和使用低碳能源，减少生产过程中的碳排放。在消费市场上，如今消费者更偏好环保无污染产品，因此，林产加工产业的产品结构调整应趋向节能环保无污染，才能增强产品竞争潜力。在原材料选择上发展“节木替代型”产品，重点是利用“三剩物”、抚育伐材、小茎材和进口材为主，替代大茎材和珍贵树种材料。在生产加工过程中发展“精深加工型”和“功能环保型”产品，重点是依靠技术，新设备、新工艺，增加产品的附加值和科技含量。

表 6-1　黑龙江国有森工林区林产营林一体化产品体系

<table>
<tr><th>名　称</th><th>建设范围</th><th>拟建设规模</th><th>培育目标</th></tr>
<tr><td>黑龙江省老爷岭、张广才岭、完达山林区纸浆原材料基地</td><td rowspan="2">牡丹江林区的绥阳、林口、穆棱、八面通、柴河、海林、大海林、东京城 8 个林业局松花江林区的山河屯、亚布力、苇河、方正、清河、兴隆 6 个林业局，合江林区的东方红、迎春、桦南、双鸭山 4 个林业局</td><td>40 万顷</td><td>纸浆用原材料</td></tr>
<tr><td>黑龙江省老爷岭、张广才岭、完达山林区纸浆原材料基地</td><td>67 万公顷，其中珍贵树种用材林 21.33 万公顷，速生丰产林 45.33 万公顷</td><td>纸浆用原材料</td></tr>
</table>

（续）

<table>
<tr><th>名　称</th><th>建设范围</th><th>拟建设规模</th><th>培育目标</th></tr>
<tr><td>黑龙江省小兴安岭林区人造板原材料基地</td><td rowspan="2">伊春林区的双丰、铁力、桃山、朗乡、南岔、乌马河、美溪、金山屯、翠峦、友好、上甘岭、五营、红星、新青、汤旺河、乌伊岭16个林业局，松花江林区的沾河、通北、绥棱3个林业局，合江林区的鹤北、鹤立2个林业局以及直属带岭实验局</td><td>22.67万公顷</td><td>人造板用原料</td></tr>
<tr><td>黑龙江省小兴安岭林区加工用材林基地</td><td>24万公顷，其中珍贵树种用材林8万公顷，速生丰产林16万公顷</td><td>以针叶为主的珍贵大茎级加工用材原木，主要提供实木家具厂、集成材厂等用材</td></tr>
</table>

6.3.6　产业结构低碳调整模式

6.3.6.1　模式的内涵

产业结构低碳调整模式是指通过合理布局，调整三大产业在GDP中的结构，大力发展第三产业，增加第三产业比重，同时各产业内部也进行主推动力的低碳化调整，最终形成发达的产业体系。在这种模式下，低碳发展是主题，低碳行业是主力，循环经济是途径，低碳技术是保障，调整绿色行业并使其成为各产业和GDP的主要构成部分。

6.3.6.2　模式的特点

产业结构低碳调整模式具有以下几个特点：①三产导向性。产业结构低碳调整模式是将黑龙江国有森工林区的产业向低耗能、低污染的第三产业调整，大力发展第三产业，将第三产业培养成推动林区经济增长的动力。②低碳导向性。无论是林区产业结构向低耗高效的第三产业调整，或是各产业内部主推动力向低碳行业转型，还是运用低碳技术将高碳产业低碳化，产业结构的调整都是以实现低碳发展为目标。③循环导向性。产业结构低碳调整模式将区域发展从传统依赖资源消耗的线性增长经济，转变为依靠区域内产业分工合作来完成物质循环、能量流动和信息传递，最终实现经济、社会和环境的循环式可持续发展目标。产业结构低碳调整模式的运行机制如图6－6所示。

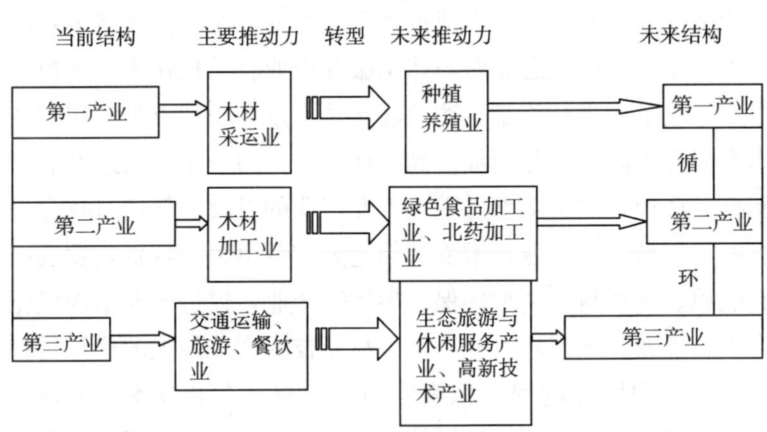

图6－6 产业结构低碳调整模式的运行机制

6.3.6.3 模式运行的路径

产业结构的组成形式决定着经济发展的模式，高耗能、高排放、资源依赖型的产业结构必然是高碳经济发展模式，而以低消耗、低排放、低污染、高效能、高效率、高效益为特征的产业结构必然是低碳经济发展模式。黑龙江国有森工林区产业结构低碳调整模式运行的路径如下：

1. 大力发展第三产业

林区第三产业是指林区内为生产建设和林区居民生活提供服务的产业。①黑龙江国有森工林区应全面发展第三产业，主要包括商业、餐饮业、旅游业、技术服务业、金融保险业、娱乐业等。这些产业的共同特征是以提供服务为产品，因此在能源和资源消耗上远远低于第一、二产业，在发展低碳经济中具有很大的优势。第三产业的兴旺，还能够增加就业岗位，为林区富余劳动力的转移提供了方向，有利于维护林区社会的稳定。②黑龙江国有森工林区发展第三产业应重点突出。依托特有的资源优势，黑龙江国有森工林区应将生态旅游与休闲服务产业和高新技术产业培养成推动第三产业甚至林区经济增长的新兴力量。森林生态旅游与休闲服务产业将单独作为一个模式在下一小节中进行详细论述。高新技术产业的特点是知识和技术密集程度高，产品附加值高、耗能少、污染小。通过发展高新技术产业，促进新型低碳化工业产业的发展。扶持科技含量高的高、精、尖产业，增强其创造力和竞争力，特别是发展以新能源、新材料、新型环保、生物等产业，促进产业结构优化升级。黑龙江国有森工林区发展高新技术产业最大的优势是长期的种植和培育过程中积累的知识产权、专利技术、生物技术、生命科学技术等，通过技术外溢，实现经济价值。未来在产业结构调整的基础上，清洁能源、绿色食品、医药、森林培育和森林工业都是发展高新技术产业的资源产品。

2. 一、二产业内部主推动力向低碳化行业转型

（1）第一产业向种植养殖业调整。林区的种养殖业仅仅依托林区的自然条件，不依赖能源消耗，不会产生大量二氧化碳排放，因此是一个低碳行业。在国家对森林资源保护和恢复的政策下，在木材生产计划逐年调减的情况下，木材采运业未来发展的空间越来越小，多种经营是未来经济发展的出路，多种经营中的种植养殖业将成为林区第一产业的支柱。种植养殖业是指利用林区丰富的林下资源、林间空地、水域资源和充裕的劳动力，发展粮食生产、经济作物种植和畜牧水产养殖，主要包括以农作物和经济作物为主的农业，以家禽和家畜为主的畜牧业，以鱼和蟹为主的水产业，以野生动物为主的特色养殖业等，是增加就业、提高企业收入和林区居民收入的重要途径。

（2）第二产业向森林食品业和北药业调整。森林食品业是黑龙江国有森工林区的特色产业，主要是利用林区丰富的林上林下资源和良好的生态环境开展采集、栽培、加工等活动的产业。主要包括食用菌、木耳、松茸、榛子、山野菜、山野果及其他林下经济植物。加快食用菌生产、山野菜采集和栽培、蓝莓栽培、山野果采摘、坚果采摘等基地建设。围绕优势品种和特色品种，重点打造绿色食品基地，突出特色、绿色、有机、无公害和高标准，多渠道开拓市场，加大品牌宣传和推广力度，在全国打响天然、生态、绿色、有机品牌和知名度。培植龙头企业，组建黑森山特产品加工（集团）公司，重点开发食用菌、山野菜、以红松松子、核桃、榛子为主的坚果类，以蓝莓、五味子、松仁为主的饮料，以蜂蜜、林蛙油、鹿产品为主的保健品等的精深加工。通过黑森山特产品（集团）的带动作用，拉动森林食品基地和绿色食品基地的发展，把资源优势转化成产品优势、市场优势和经济优势。黑龙江国有森工林区是中药材的产销大区，被誉为“绿色药库”，在发展北药上优势明显，其北药品质好、社会需求大，因此有广阔的发展前景和巨大的发展潜力。黑龙江国有森工林区主要发展五味子、人参、平贝、刺五加、黄芪、龙胆、穿地龙等北方药材的采集、栽培和加工。通过开发与保护相结合，基地建设与深加工相结合，坚持规模化、标准化发展，推动林区北药产业上规模、上档次、上水平。林药复合生产推行，通过改培适宜林下生长的药材，突出发展优势品种。以当前20个人工药材基地为重点进一步发展和壮大北药生产基地，将其培养成黑龙江国有森工林区新的经济增长点。制药企业和保健品企业要以科技为支撑，研发药材浸提和炮制，增加成品和半成品比重，发展中药饮片，延长产业链，提高产品的附加值。

3. 高碳行业的低碳化改造

对黑龙江国有森工林区内的电力、煤炭、化工、建筑、造纸等高碳行业进行低碳化改造。一是发展循环经济节约资源，加强资源的循环利用；二是更新落后产能和工艺，降低生产过程中的污染和排放；三是运用低碳技术，对高耗能高排放的行业和企业加强节能减排力度，减轻经济发展对化石能源的依赖；四是发展无碳技术，利用风能、水能、生物质能等可再生无碳能源，进行清洁生产。

4. 发展循环经济

循环经济以节约资源和资源的综合利用为目标，这在一定程度上保护了资源和环境，提高了资源的使用效率，为低碳经济的发展奠定了基础。黑龙江国有森工林区应按照循环经济理论的“3R”原则，实现区域资源投入的减量化、生产和消费过程中的再利用、废弃物的再循环，从而节约资源和提高资源的使用效率。通过加强物流、能流、人流、信息流、价值流与技术流的正向流动与逆向回流，充分发挥循环经济技术的正向扩散效应，实现生产要素的合理调配与利用。黑龙江国有森工林区循环经济的发展见图6-7，林区农业生产和林业生产产生的大量剩余物，既可以作为饲料发展养殖业，又可以为林产工业提高原材料，还可以作为原料发展生物质能源；养殖业生产过程中产生的畜禽粪便既可以作为种植业和营林的肥料，又可以发展生物质能源，对废弃物的再循环与再利用不仅增加了各产业原材料的供给，还可以发展成新能源，方便林区的生产生活。通过发展循环经济，不仅提高了资源和能源的利用效率，也促进了高新技术的引进和研发。

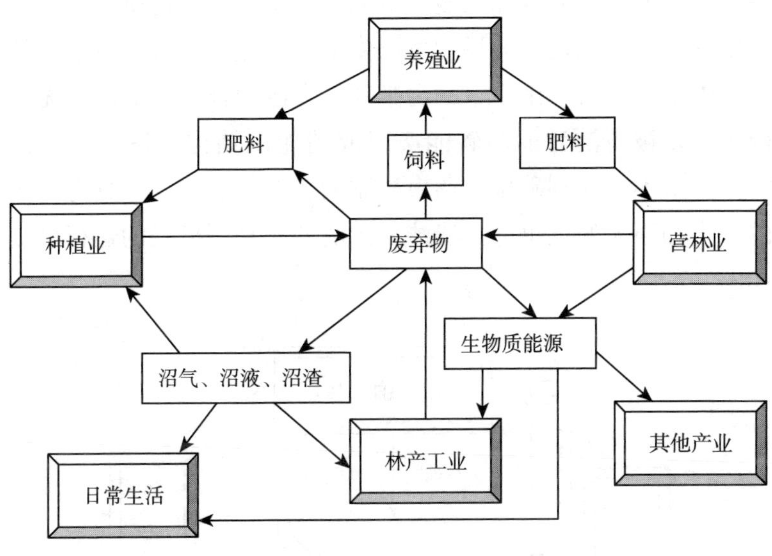

图 6－7　黑龙江国有森工林区循环经济示意图

6.3.7　清洁能源开发利用模式

6.3.7.1　模式的内涵

清洁能源开发利用模式是指依托林区的资源优势，依靠低碳技术，开发和利用风能、水能、生物质能源等无污染或低污染可再生能源，以及利用清洁技术处理后的低污染不可再生能源，从而形成以低碳能源为主、清洁化石能源为辅，少量高碳能源的多元化能源消费结构，推动能源结构向低碳化方向调整。

6.3.7.2 模式的特点

清洁能源开发利用模式具有以下特点：①低碳性。清洁能源的开发利用模式是开发和利用低碳和无碳能源，或将高碳能源清洁化，促进当前的高碳能源结构向低碳化调整。②可再生性。大部分低碳能源如风能、水能、太阳能、生物质能都是可再生的，即它们在被消耗后可以恢复和补充，并且在被消耗的过程中不产生或产生少量的污染物。③潜力性。在低碳和无碳能源以及被清洁后的高碳能源组成的能源结构上发展低碳经济，未来不会受到碳排放约束机制的制约，经济发展具有巨大的潜力和强大的竞争力。清洁能源的开发利用模式的运行机制如图 6－8。

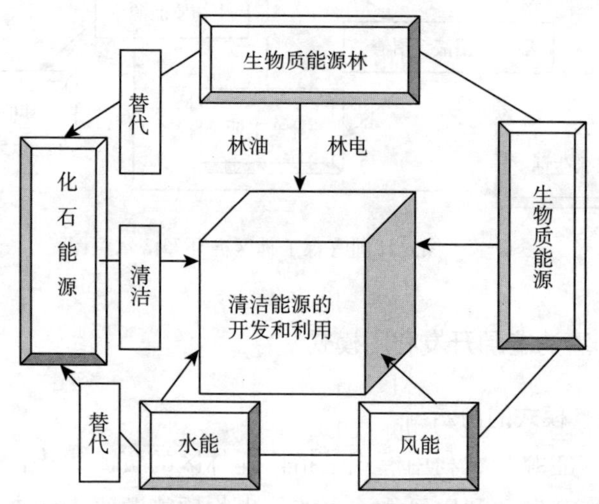

图 6－8　清洁能源的开发利用模式运行机制

6.3.7.3 模式运行的路径

合理有序的低碳能源结构是实现低碳经济发展模式必不可

少的条件，清洁能源的利用也是未来能源发展的趋势。黑龙江国有森工林区清洁能源的开发利用模式运行的路径如下：

1. 生物质能源的开发和利用

积极争取国家和黑龙江省关于生物质能源建设的政策和资金，利用林区的资源优势，开发黑龙江国有森工林区生物质能源基地，实现对生物质能源的立体式开发。该基地的前端是生物质能源林的种植，依靠科技，经过抚育和改培，科学经营和管理，建设生物质能源林。中端是生物质气化和固化燃料的研究和生产，运用低碳技术，将生物质原料转化成生物质能源。终端是通过生物质能源发电、生物质能源油品、沼气等新能源项目，将其投入到林区的经济生产和居民生活中。纵向来看，除了生物质能源林提供的原料，黑龙江国有森工林区农业、畜牧业和林业的突出发展，也为生物质能源的开发和利用上提供了有利的条件。大量的秸秆、树木的枯枝落叶、林下灌木、草本植物、牲畜的粪便为发展生物质能源提供了丰富的原料。将这些物质生产成饲料或肥料，发展循环经济；依靠先进的技术将这些物质分解，生产成燃料乙醇、生物柴油等新能源；利用这些物质在农村发展沼气池，替代煤炭进行能源供给，既节约了资源，也方便了农村居民的生活。

2. 风能水能发电

黑龙江国有森工林区风电资源丰富，当前可开发利用的风能资源在 500 万千瓦以上，开发和利用风电产业潜力巨大。因此，要发挥资源优势，积极发展风电产业。未来 5 年，黑龙江国有森工林区风电项目的装机容量潜力约为 290 万千瓦。带岭、朗乡、桃山、金山屯、新青林业局具有 80 万千瓦的装机容量；八面通、绥阳、穆棱、东方红林业局拥有 60 万千瓦的装机容量；方正、林口、清河林业局具有 50 万千瓦的装机容量；山河屯、大海林林业局拥有50万千瓦的装机容量，亚布力、海林、柴河林业局同样拥有50万千瓦的装机容量。水能发电的建设重点：一是大海林林业局范围的海浪河干流梯级水电站工程，以发电供水为主，兼顾灌溉和防洪；二是柴河、山河屯林业局范围的抽水蓄能电站，以供水和发电为主。新型环保的风电和水电将在黑龙江国有森工林区能源结构低碳化发展中发挥重大作用。

3. 高碳能源低碳化调整

实现低碳化、有序的能源结构是实现传统经济向低碳经济转型的关键环节。煤炭、石油、天然气等化石能源的含碳量较高，而生物质能、风能、太阳能等则是低碳或无碳能源。由于当前生产力发展水平，技术条件和成本的约束，低碳能源还没有能力完全替代高碳能源，化石能源的竞争优势还在。发展低碳技术，将高碳能源转化成低碳能源，降低其二氧化碳排放量为能源结构的调整找到了一条新出路。目前黑龙江国有森工林区煤炭的消耗量还比较大，煤的含碳量最高，大力发展煤炭气化工程，是降低碳排放量的有效途径。在煤气化工程中，通过洁净煤加压气化技术，将煤炭气化，净化成合成气，再进行发电和余热利用，由此将固体燃料转化成燃烧更充分、更清洁的气体燃料，提高了能源的使用效率。黑龙江国有森工林区要依托目前省内已建立的牡丹江、佳木斯、双鸭山、七台河、鹤岗、鸡西六大煤电化产业园区，开展清洁煤利用，降低直接使用煤炭造成的环境污染。

6.3.8 人居生活低碳导向模式

6.3.8.1 模式的内涵

人居生活低碳导向模式是指在林区内对人居环境进行低碳

化建设和对居民的消费行为进行低碳化引导的一种科学的低碳生活模式。在这种模式下林区人居环境整洁优美、生态优良、社会和谐稳定、消费低碳、理性，对促进社会主义新林区建设发挥着重要作用。

6.3.8.2 模式的特点

人居生活低碳导向模式特点：①低碳性。人居生活低碳导向模式将人居环境和居民消费行为都向低碳化方向调整，最终目的是实现人与环境的和谐可持续发展。②宜居性。通过人居环境的低碳化建设，使人居环境更美好，生态环境更优良，从而更适合居民居住。③主动性。通过提升居民的低碳意识，使居民在生活与生产中主动自觉地保护环境，节约资源，减少二氧化碳排放。人居生活低碳导向模式的运行机制见图 6-9。

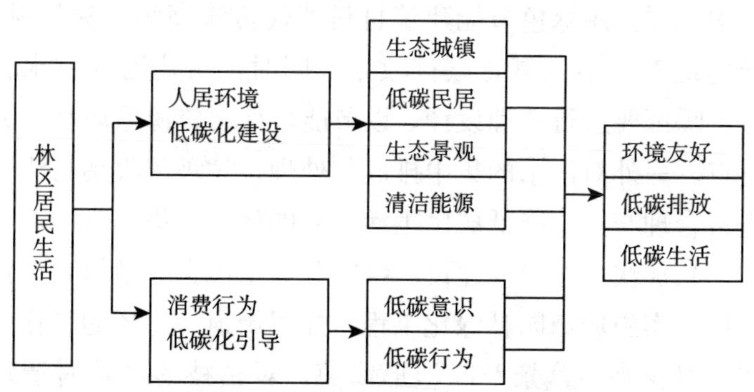

图 6-9 人居生活低碳导向模式的运行机制

6.3.8.3 模式运行的路径

人居生活低碳化是实现低碳经济发展模式的重要内容，没有人类活动和行为的低碳化，就不能实现真正的低碳经济发展。黑龙江国有森工林区人居生活低碳导向模式运行的路径如下：

1. 人居环境低碳化建设

（1）打造优美宜居的生态村镇。按照城市功能标准，逐步将40个林业局打造成5万人左右的森林生态城市；按照乡镇功能标准，对林场进行撤销合并，打造50个千人以上的森林生态村镇；按照生态旅游与城镇建设结合的原则，打造以亚布力、雪乡、平山生态旅游区等重点旅游名镇。从生态城镇的实际情况出发，按照产业特点，以旅游、工业、边贸、商贸或特色产业主导型，对生态城镇的发展进行功能定位，从而建设环境优美、生态优良、设施完善、产业发展、特色突出的森林生态城镇。

（2）推进居民住房建设。以棚户区改造、经济适用房、廉租房等政策保障安居工程为重点，推进居民住房建设。在住房建造中，要使用绿色节能建筑材料替代传统高污染建筑材料，降低建筑工程中二氧化碳排放量。同时，居住区的供水、供电、供暖都要进行合理设计，以节能环保、资源循环利用为设计重点。另外对污水的集中排放与处理，垃圾的收集与清运都要进行合理布置，降低居民生活带来的环境污染。

（3）加快生态景观建设。继续开展全民义务植树，美化居住环境。实施城镇园林绿化工程，加强街道、广场的美化绿化工作，对花卉、盆景及时塑形修剪，对枯枝落叶及时清理清扫，创造整洁优美的人居环境。

（4）推广居民生活清洁能源的使用。尽量使用清洁能源替代高碳的化石能源来实现居民生活的能源供给。例如，利用太阳能热水器取代天然气热水器，用生物质能源发电替代煤炭发电。大力推进沼气工程的建设，改造传统柴灶和土炕，用沼气供暖供气取代薪炭柴来满足林区居民日常生活对能源的需求。

2. 消费行为低碳化引导

通过正面的宣传、教育和引导，培养居民低碳消费意识，倡导科学合理的消费生活，健康适度的消费心理，高尚的消费道德及行为规范，并通过生活消费理念和方式的改变来引导生产模式的变革。在生活中，培养低碳消费的行为，倡导文明、节约、绿色生活和消费，反对奢侈浪费，抑制不合理消费。鼓励居民选择步行、骑自行车或公共交通工具出行，使用节能节水节电产品，减少或不使用一次性商品，增加使用再生利用产品的比重，将绿色消费观念和行为体现到工作和生活的各个方面。

6.4 本章小结

在理论研究与实证分析的基础上，在低碳经济发展模式指导思想、原则和选择因素的指导下，以低碳经济发展内容为依据，以产业结构调整和能源结构调整为重点，构建了黑龙江国有森工林区低碳经济发展模式——森林培育生态化模式、森林碳汇模式、森林生态旅游休闲模式、森林生态文化产业模式、林产工业低碳重塑模式、产业结构低碳调整模式、清洁能源的开发利用模式、人居生活低碳导向模式。这八个模式各有侧重点，兼顾经济、环境和社会的和谐发展。通过这八个模式构建黑龙江国有森工林区完备的生态体系、发达的产业体系和和谐的文化体系，最终促进黑龙江国有森工林区低碳经济的发展。

7 黑龙江国有森工林区低碳经济发展模式的保障机制

在理论研究和实证研究的基础上，第 6 章构建了黑龙江国有森工林区低碳经济发展模式，在实践中，林区内各个地区要根据当地实际情况选取和组合适当的低碳经济发展模式。同时模式的实施和运行也需要一个良好的环境保障其有效运行。本章从政府、企业、政策、技术、人才的角度，提出黑龙江国有森工林区低碳经济发展模式的保障机制。

7.1 政府引导的推动机制

政府作为社会公共管理的主体，承担着对经济进行宏观调控和引导的职能。当前在国家“十二五”规划提出“绿色发展”的社会大背景下，政府在促进低碳经济发展中扮演着重要角色，在低碳经济发展上起着重要的推动作用。

7.1.1 加快转变思想

政府要解读什么是低碳经济，抓住低碳经济的本质。现代社会，政府承担着推动生产力和确保经济、社会稳定发展的基本职责。在当前经济转型的过程中，难免一些传统的高碳观念和高碳既得利益者会阻碍低碳经济的发展。在这种情况下，更需要政府利用手中的权力和大量的资源来协调，保障低碳经济沿着正确的道路健康发展。因此，脱离了政府的支持，低碳经济发展是不可能实现的。在发展低碳经济的过程中，政府首先要对其有一个精准的理解，这样才能把握方向、制定政策、进行规划和计划。政府要通过专家解析，调研国内外低碳经济发展区域和项目，结合当地实际发展情况，更新观念，理清思路，考量适合本地区的低碳经济发展模式。当前黑龙江国有森工林区的发展需要国家和黑龙江省政府在各方面的支持，为其低碳经济的发展掌好舵。

7.1.2 制定战略规划

政府要做好发展低碳经济的宏观战略规划。政府要对如何发展低碳经济进行战略部署，制定发展低碳经济的中、长期发展规划。在发展低碳经济规划上，要把重点放在产业的低碳化和能源的低碳化调整上。产业结构决定经济结构，以高碳产业为主必然决定着经济发展以高碳模式运行，因此，政府规划应着重放在进行合理的产业布局，培育和促进一大批战略性新兴产业，以加快向低碳经济转型速度。在能源的建设上，以替代、减少和提效为目标，引进和研发新能源技术，改变传统以煤为核心的能源结构，将清洁可再生能源作为未来能源供应的主要领域。

黑龙江国有森工林区区域跨度大，所属林管局、林业局都有其自身的地理位置特点和资源条件，在林区内实施低碳经济发展模式必然涉及到跨市县、跨产业、跨行业、跨部门所产生的协调统一问题。因此，黑龙江国有森工林区应该建立有效的沟通和协调机制，联合林区各级政府、环境部门、各产业相关部门、教育部门等建立完善的信息获取和流通渠道，并依据发展低碳经济的宏观战略规划，在沟通和协调配合的基础上，制定本级或本部门发展低碳经济模式的具体实施计划，以保证林区低碳经济发展模式的层层稳步推进。同时要实施部门领导负责制，将低碳经济发展成效纳入考核领导干部工作业绩的范畴。

7.1.3 加强监督管理

对林业发展，政府要系统推进依法治林，将林业建设的全过程纳入到法制轨道，规范林业生产秩序，严厉打击破坏森林资源的违法活动，规范林地使用、木材采伐、运输和经营加工等。加强对野生动植物的保护和管理，严禁乱捕滥猎野生动物、乱采滥挖野生植物，保护林区资源和生态平衡。

坚持节能减排，建立健全企业准入制度。继续坚持节能减排，对企业能耗、排放进行监测，加大对超标和不符合要求企业的惩罚力度，甚至勒令其停产整顿。按照现有环境的承载能力，制定适合黑龙江国有森工林区低碳经济发展模式的企业准入标准。通过产业结构调整、低碳技术改造等加快现有高碳产业转型，对林区的建设项目，在立项时进行环境影响评价，不符合标准的项目不予开工建设，以限制高碳产业和高碳项目的实施。降低低碳行业准入门槛，吸引更多的投资来发展低碳产业。

7.1.4 引导低碳行为

政府通过宣传和示范，引导居民的生活理念和生活方式。加大对基础设施的建设，特别是公共交通，建立高效快捷的公共交通系统。鼓励居民选择公交车、自行车或步行等节约资源、低碳环保的方式出行。通过电视、广播、公益广告等多种媒介渠道，引导居民自觉爱护和保护环境，树立低碳意识。尽量减少对一次性产品的消费，反对奢侈浪费，提倡节约、绿色的消费方式。

7.2　企业创新的牵引机制

企业是经济结构中的基本单元，是推动低碳经济发展的主力军。对企业来说，发展低碳经济既是机遇又是挑战。经济低碳化转型必然伴随着产业结构的调整，淘汰落后产能，限制高碳行业发展，必然使一些能源依赖型企业面对巨大的考验，如果这类企业能抓住机会，以低碳化为方向，加速企业创新，必然会给自己带来巨大的商机和发展潜力。

7.2.1　促进企业经营管理制度创新

黑龙江国有森工林区低碳经济发展模式的顺利实施和运行不是一朝一夕的事情，是一个有计划有步骤的长期推进过程，因此作为经济发展中坚力量的企业，必须建立低碳经济发展的长效机制，通过经营管理制度的创新，由适应低碳经济的发展到成为促进低碳经济发展的主力军。

首先，加快企业的经营管理由粗放型向精细型转变。按照现代企业制度的要求，努力将企业建立成产权明晰、权责明确、政企分开、管理科学的现代化企业，从而提高企业的管理效率和资源配置效率。科学管理、经营高效的现代化企业是发展低碳经济对企业的基本要求，权责不清、管理混乱、效率低下的企业势必在发展低碳经济中缺乏竞争力，最终必然被淘汰。黑龙江国有森工林区应该按照现代化企业的要求，以低碳发展为导向，尽快完善企业的管理制度、用人制度、奖酬制度等。在企业的生产经营管理方面，建立资源投入和使用的控制标准。比如建立原材料的投放标准、物料的循环利用规程、废弃物的综合利用制度、计划成本标准等以实现企业资源的节约和有效利用。在销售管理方面，开拓现代化的销售渠道。运用现代营销策略，分析市场状况，预测市场动态，打低碳品牌、树低碳名牌，运用网络营销、文化营销、特许营销等新兴营销方式，拓宽销售渠道，提高低碳产品知名度和市场占有率。在人力资源管理方面，坚持人本管理，激发员工的潜能，将员工的发展和企业的发展有效结合起来。比如，建立合理的奖励制度，激发员工在工作实践中研究企业节能减排、节约成本的方法；建立完善的培训制度，加大对员工进行低碳知识、低碳技术等方面的培训力度，在提高员工的工作技能和开发员工创造力的同时，鼓励为企业的低碳化发展献策献力。在企业文化建设方面，培育低碳发展的企业文化氛围。将企业的低碳发展理念渗透到企业文化培育中，以节能、生态、环保为重点，帮助企业员工树立低碳环保意识，促进员工在工作和生活中自觉保护环境、节约资源和能源、理性消费。

其次，加快企业由随机发展低碳经济向长效发展低碳经济转变。当前大多数企业的低碳经济发展以节能减排为重点，而节能减排措施都是在政府部门制定的减排指标约束或企业发展的减排压力下进行，可以说大多数企业的低碳经济发展策略都是被动的，随机的，没有一个长远的完整的发展规划。黑龙江国有森工林区要真正走上低碳发展之路，林区企业必须由随机发展低碳经济向长效发展低碳经济转变。①转变企业的经营思想。林区企业长期以来以木材生产和加工为主要方向，特别是林业“两危”问题出现以前，木材生产与加工为林区带来了丰厚的经济利益流入，这种靠山吃山的资源依赖思想根深蒂固。随着林业向生态建设为中心的转型，林区内的企业应加快转变经营思想，以生态、低碳为方向，调整企业的经营理念，以节能、资源的循环利用、增加产品的科技含量为重点，将经营思想由资源依赖转向技术依赖。②制定企业低碳经济发展战略规划，这个规划应涵盖企业低碳经济发展的目标、生产、经营、管理的低碳化调整，新技术和新能源的研究与开发等。同时企业还要制定相应的执行计划，有计划有步骤地实现企业的低碳化发展，从被动转主动，建立低碳经济发展的长效机制。

7.2.2 加快企业产品创新

现在消费市场无论是在“吃”的方面还是在“用”的方面都越来越偏好于安全、健康、环保产品的消费。黑龙江国有森工林区在实施低碳经济发展模式的过程中，要利用自身的优势，抓住这一市场契机。林区企业要加快产品创新，在食品方面，开发纯天然、绿色健康森林食品，实行绿色养殖、绿色种植，新产品打环保牌、健康牌。在“用”的方面，造纸行业、地板行业、家具行业、建材行业等要依靠低碳技术，一方面进行设备更新和工艺改造，生产出健康环保的新产品；另一方面，依托技术改造和技术研发，加强企业节能减排和清洁能源的开发利用。

7.2.3 督促企业组织创新

企业组织创新主要是以低碳为导向，通过林区企业规模化和集约化增强黑龙江国有森工林区在低碳经济中的整体实力与竞争力。企业横向兼并联合，走规模化、集团化发展道路，增强企业竞争实力。企业纵向延长产业链，建立木业园、工业园吸引更多的企业，增加集聚效应，形成“以市场连企业，企业连基地，基地连农户”的链条式发展方式。规模化和集约化一方面有利于发展循环经济，实现资源的综合利用；另一方面，有利于先进的低碳技术在区域、产业、行业、企业间的快速扩散。

加大对龙头企业的扶持力度。通过对龙头企业的低碳化培育，将其作为低碳经济发展的示范，带动林区其他企业的低碳化改造。通过财政、金融等政策支持，给予龙头企业在税收、信贷等方面的优惠，促进其快速发展。对原有的龙头企业，要继续引导其做大做强，同时将一批经营机制好和市场竞争能力强的企业发展成新的龙头企业，从而增加黑龙江国有森工林区龙头企业的数量和质量。不管是原有的龙头企业还是新培育的龙头企业都要规划好低碳经济发展战略，做好产品低碳化创新和技术的低碳化升级，做大做强主导产品，把配套产业和辅助产品转移给林区其他中小企业。由于主导产品生态化、低碳化、技术化的要求，相应的配套产品和辅助产品也必须满足这些要求，从而通过龙头企业带动，以技术转移和扩散的方式，促进依附龙头企业的中小企业协同发展，进而推进整个林区低碳经济发展模式的运行。

7.2.4 加大新兴产业扶持力度

依托黑龙江国有森工林区的资源优势，扶持森林生态旅游、绿色食品、高新技术等产业的发展壮大。规范旅游市场，提高旅游从业人员素质，完善基础设施和配套服务，以特色生态旅游项目打出黑龙江国有森工林区森林生态旅游的知名度，将其培养成推动林区低碳经济增长的亮点。加快绿色食品基地建设，形成绿色食品种植加工一体化，以新兴的绿色食品推动林区低碳经济发展模式的运行。通过政策优惠，吸引高新科技企业“走进来”，增强林区科技创新实力；通过政策引导，鼓励林区的先进的培育技术、生命科学技术、生物技术等企业通过技术外溢“走出去”，将技术优势转化成经济优势，将最环保、最低碳、科技含量最高的知识产权培育成黑龙江国有森工林区低碳经济发展的优势。

7.3 政策倾斜的催化机制

政策低碳化倾斜为低碳经济的发展提供了有利的契机，中央和地方政府应从财政、税收、资源与环境的补偿等方面，加大对黑龙江国有森工林区低碳经济发展的扶持力度，从而推动林区低碳经济发展模式的有效运行。

7.3.1 财政扶持政策

作为政府最重要的宏观调控手段，财政政策可以通过增加投入比重、财政补贴以及加大中央财政转移支付力度等方式来支持黑龙江国有森工林区低碳经济发展模式的实施和运行。①调整财政支出结构，增加财政在低碳建设方面的支出比重。增加财政在林区低碳基础设施建设上的支出比重，用于改造林区内城镇绿色景观、公共交通建设等。加大财政对黑龙江国有森工林区发展循环经济、调整产业结构、支持节能减排、扶持新兴产业、研发低碳技术等低碳重点和关键领域的投资力度。设置财政低碳专项基金，优先支持低碳项目，对节能减排和环境保护重点项目实施专款专用，加快资金的到位速度。②运用财政补贴，支持低碳项目的建设。对于黑龙江国有森工林区的低碳产品通过实行价格补贴，增强其在市场上的竞争力。对于光电、风电、生物质能源技术、节能建筑材料生产等低碳项目鼓励其贷款，财政以贴息的方式支持，减轻林区企业负担。③加大中央财政转移支付力度，支持低碳经济发展。

黑龙江国有森工林区低碳经济的发展需要庞大的资金支持，仅靠地方政府有限的财力支持是不够的，因此需要加大中央财政对林区的财政转移支付力度，用于生态重点工程，低碳技术关键领域和节能减排重要项目的建设。

7.3.2 税收优惠政策

税收优惠政策对低碳经济发展的支持主要体现在对林区企业的低碳行为、低碳项目、低碳产品等实行优惠的税收政策。通过税收优惠政策，吸引更多的低碳企业走进林区，鼓励林区现有企业进行低碳技术改造、低碳产品开发、低碳项目建设等。在税收优惠政策方面，主要通过扩大税收支持范围、调整税收标准等方式实施。改进增值税制度，企业由于低碳改造进行的固定资产更新和低碳原材料的购买可以在增值税上实行减、免、退等优惠政策，鼓励企业进行工艺升级。完善所得税制度，对于林区低碳导向的龙头企业、高新技术企业等在所得税上给予优惠条件，比如用于低碳建设项目、低碳技术和产品的研发予以税前扣除，免征部分所得税等优惠政策，促进低碳行业的发展壮大。完善消费税制度，对节能减排产品、低碳环保产品实行优惠的税率，增强其在市场上的竞争力。建议国家开征碳税，对生产、经营和消费领域由于高碳能源使用造成的环境污染进行征税。对于林区来讲，通过碳税征收，可以抑制一些高耗能、高污染、高排放的企业的扩张，同时促进这些企业低碳化改造。

7.3.3 生态补偿政策

森林生态效益补偿可以通过财政和市场两个途径来实现。目前我国主要是依靠森林生态效益补偿制度，即财政途径来实现。而国内市场化途径需要进一步的完善。①完善森林生态补偿制度。深化森林分类经营改革，进一步探索森林生态效益价值化和市场化的途径和模式。完善森林生态效益补偿制度，扩大补偿范围，提高补偿标准，拓宽补偿资金筹资渠道等，使森林生态效益的受益人和森林资源的保护者各自的权利和义务对等，既充分体现社会责任，又充分实现了生态效益的价值化。②完善国内碳交易市场体系。当前国内碳交易市场刚刚起步，市场体系的建设非常不成熟，因此国家需要加快出台碳交易市场准入制度、森林碳汇的计量规范、第三方独立审核制度、碳汇检测技术体系等相关交易政策，逐渐健全和完善国内碳交易市场，实现森林生态效益补偿的市场化。

7.4 技术支撑的动力机制

科技是发展低碳经济的手段。无论是节能减排、还是吸碳固碳、发展新能源，都要依托低碳技术。因此发展低碳经济要增强科技创新能力，促进科技成果向现实生产力的转化，将低碳技术的研发、推广与产业结构调整、低碳能源开发、低碳产品研究、民生改善等方面紧密结合，增加经济发展中的科技含量，使经济发展更具竞争力。

7.4.1 大力支持科技创新

低碳技术是实现低碳经济的关键，通过科技的不断创新是加快低碳经济发展的捷径。当前黑龙江国有森工林区要开展以天然林保护与恢复技术，人工用材林持续经营技术，林木遗传育种技术和良种选育技术，信息技术，林产品高效加工利用技术、资源的综合利用技术、森林特产资源开发利用技术，清洁能源技术和能源清洁化技术等低碳化领域为核心的技术创新，增强自主创新能力，加快林区低碳技术的开发与研究。依托国家林业局制材重点实验室和黑龙江省木材综合利用实验室的有利条件，结合重大林业建设工程和高新技术产业化重点项目，加快技术的低碳化升级和改造。引进国外先进的低碳技术和智力，形成全方位、多层次、宽领域的技术引进机制，提高引进低碳技术创新能力。

7.4.2 加快科技成果转化成现实生产力的速度

黑龙江国有森工林区应利用创新的低碳技术加快对林区现有设备和工业的改造和升级，提高生产效率和资源的利用效率，降低在生产过程中的二氧化碳排放；利用低碳技术加快风能、水能、生物质能源等新能源项目的建设，改变现有高碳能源结构，同时大力推广煤炭清洁技术，对高碳能源进行脱碳处理，减少能源耗费中二氧化碳排放；加大企业产品中低碳技术含量，生产出健康、环保、低碳的绿色产品，以适应消费市场对高品质环保产品的需求。利用黑龙江省高校和科研院所众多的便利，以科研院校的技术为依托，在不同的生态区建立科技示范基地，通过基地的示范效应，加速低碳技术在整个林区的推广速度。通过这种方式，既加强了科研院校的产学研结合，又推动了林区低碳技术的发展。组建黑龙江国有森工林区科技开发公司，将林业科技成果、低碳技术形成知识产权，以科技外溢的形式，创造经济效益。

7.5 人才聚敛的保障机制

人才是发展低碳经济的保障。黑龙江省大量的高校和科研机构使其在培育本土化人才上具有得天独厚的优势，因此可以为林区的发展输送管理、科技等各方面的人才。

7.5.1 人才培养政策

黑龙江国有森工林区低碳经济发展模式是一个综合的有机系统，它涉及到资源的循环利用、森林的保护与恢复、低碳技术与低碳产品的研发、低碳能源的利用、高碳能源的清洁、基础设施的建设等各个方面。因此，在林区人才培养上不应局限在林业科技人才的培养，而应扩大视野，从林业与关联产业以及林区整体低碳化进程角度去思考人才培养问题，主要思路如下：一是意识层面的培养。思想意识引导人的行为，因此在黑龙江国有森工林区内从管理者到一线生产者、甚至整个林区的居民要形成强烈的低碳意识。林区可以通过各种形式的宣传、教育、培训来培养低碳发展氛围，帮助林区管理者、生产者、居民树立低碳意识。企业可以通过奖惩制度对节约、节能行为和技术创新进行奖励，对浪费、提高成本等行为进行惩罚，鼓励员工树立低碳意识。二是技术层面的培养。黑龙江国有森工林区目前需要大量的清洁能源技术、生物技术、煤炭清洁技术、生态维护技术、资源的综合利用技术、废弃物的回收技术等方面的人才，因此以这些领域为重点，加大对人才的培养。培养方式有两种：①依托黑龙江省大量的高等院校和科研院所，可以进行联合培养，有目的有方向地培养低碳技术科技人才，特别是高层次、创新型高科技人次。以林区企业为依托，以实验基地为辅助，加强实践，促进产学研结合，为黑龙江国有森工林区低碳经济发展培养一线应用型人才。②通过与高等院校和科研院所的合作，加强对林区现有技术人员的再深造，以低碳知识和低碳技术培养为知识更新方向，提高现有科技人员的技术水平和科技创新能力。三是行为层次的培养。通过意识培养和建立约束制度，以自律和他律相结合的方式促使人们遵循低碳经济发展规律，遵守低碳经济发展的规则，自发参与到林区低碳经济建设中。

7.5.2 人才吸引政策

加大对黑龙江国有森工林区的宣传，让更多的人了解林区和林区的人才需求方向。加强与国内外、省内外高校与科研机构的联系，拓宽低碳技术人才、管理人才的引进渠道。建立合理的薪酬体制，提高低碳技术人才、管理人才的工资待遇。建立有效的激励制度，对有利于低碳经济发展的技术创新和管理创新人员和团队进行额外奖励，奖励额度要充分起到激励作用。建立完善的职业规划制度，让低碳技术人才、管理人才在职业发展中有上升空间，满足人才在个人发展中的成就感。

7.6 本章小结

环境保障是黑龙江国有森工林区低碳经济发展模式运行的基础条件。本章通过构建政府引导的推动机制、企业创新的牵引机制、政策倾斜的催化机制、技术支持的动力机制、人才聚敛的保障机制来保障黑龙江国有森工林区低碳经济发展模式的有效运行。

结　论

在当今全球降低二氧化碳应对气候变化的时代背景下，在林业改革和林区经济转型的环境中，黑龙江国有森工林区应利用自己的资源优势，探索经济又好又快发展的新思路，充分发挥森林的生态效益、社会效益和经济效益。本研究以黑龙江国有森工林区低碳经济发展诉求为切入点，结合林区实际情况，论证了黑龙江国有森工林区当前仍以高碳经济发展模式为主，削弱了未来经济发展的潜力。在实证研究的基础上，构建了黑龙江国有森工林区低碳经济发展模式，并研究了黑龙江国有森工林区低碳经济发展模式实施的保障机制。主要研究结论如下：

（1）构建了黑龙江国有森工林区低碳经济发展模式研究的理论框架。在科学发展观的指导下，在循环经济理论、低碳经济理论、区域经济理论、生态经济理论和林业经济理论的研究基础上，对林区的实际情况进行了分析，构建了黑龙江国有森工林区低碳经济发展模式研究的理论框架，为本研究提供了思路。

（2）对黑龙江国有森工林区二氧化碳排放量进行测算。通过探讨气候变暖、二氧化碳排放量增加与人类社会经济发展的关系，论证了探索一条低碳发展之路是实现人类可持续发展的必由之路。从全球视角，通过对森林资源、林业和林区现状的分析，论证了森林在发展低碳经济中的重要作用，并运用KAYA模型测算黑龙江国有森工林区二氧化碳排放量，以考量当前黑龙江国有森工林区经济发展模式。

(3) 对黑龙江国有森工林区碳排放驱动要素及主要驱动要素的影响因素的实证分析。进一步对影响黑龙江国有森工林区碳排量的驱动要素进行分析，得出人口数量、经济发展、单位能耗碳排放三个因素对黑龙江国有森工林区碳排放量基本为正向影响，而单位GDP能源强度主要为负向影响；经济发展和能源强度是影响黑龙江国有森工林区碳排放的主要因素。运用多元回归模型，继续分析这两大主要驱动要素——经济发展和能源强度的影响因素。根据实证分析的结果，工业发展水平、林业发展水平和产业结构优化程度对黑龙江国有森工林区经济发展起着显著作用，能源消费结构和技术进步则对黑龙江国有森工林区能源强度起着重要影响。因此，产业结构升级和能源结构调整将是黑龙江国有森工林区构建低碳经济发展模式重要内容。

(4) 构建了黑龙江国有森工林区低碳经济发展模式。通过构建森林培育生态化模式、森林碳汇模式、森林生态旅游休闲模式、森林生态文化产业模式、林产工业低碳重塑模式、产业结构低碳调整模式、清洁能源开发利用模式、人居生活低碳导向模式为黑龙江国有森工林区低碳经济发展提供了实施的路径。最后构建了包括政府引导的推动机制、企业创新的牵引机制、政策倾斜的催化机制、技术支持的动力机制、人才聚敛的保障机制等黑龙江国有林区低碳经济发展模式运作的保障机制。

本书的创新点：

(1) 本书在研究导向上具有创新性。当前低碳经济是研究的热点，但低碳经济的研究主要集中在产业层面，而从区域经济、社会和环境的视角对低碳经济发展进行全面、系统研究的成果不多，分别从上述三个视角的零星研究目前也大多限于低碳城市层面。基于区域视角从能源结构、人居环境和消费层面对国有森工林区低碳经济研究是本书的新拓展。

（2）以科学发展观为指导，运用循环经济、低碳经济、生态经济、区域经济和林业经济等理论，在对资源节约、环境友好、居住生态、经济健康发展和民生持续改善的社会主义新林区建设要素分析的基础上，构建了黑龙江国有森工林区低碳经济发展模式研究的理论框架。

（3）运用KAYA模型测算黑龙江国有森工林区二氧化碳排放量，进一步分析黑龙江国有森工林区碳排量的驱动因素。运用多元回归分析，对黑龙江国有森工林区影响碳排放的两大主要驱动因素——经济发展和能源强度进行了实证研究，深入论证这两大驱动因素受哪些指标的影响，为黑龙江国有森工林区低碳经济发展模式的构建和对策研究提供更可靠、更具体的依据。

（4）以对黑龙江国有森工林区低碳经济发展现状的规范分析与实证分析为依据，在阐述黑龙江国有森工林区低碳经济发展模式构建的指导思想和原则的基础之上，构建了黑龙江国有森工林区低碳经济发展模式。

进一步研究的方向：

本书以黑龙江国有森工林区低碳经济发展为研究对象，构建了黑龙江国有森工林区低碳经济发展模式，对每个模式进行了详细的研究。由于时间和精力有限，对于模式的运行机制论述得不够深入。其具体适用范围的研究也不够详尽。这些问题的深入将是本课题今后继续研究的方向。

参 考 文 献

[1] 莱斯特·R. 布朗 . Building a Sustainable Society [M] . New York: Norton, 1981.

[2] 莱斯特·R. 布朗 . 生态经济：有利于地球的经济构想 [M] . 北京：东方出版社，2003.

[3] 莱斯特·R. 布朗 . B 模式：拯救地球 延续文明 [M] . 北京：东方出版社，2006.

[4] UK Energy White Paper, Our Energy future-Creating a Law Carbon Economy [R] . Feb. 2003. http: //www. berr. gov. uk.

[5] Kaya Y. Impact of carbon dioxide emission control on GNP growth: interpretation of proposed scenarios [R] . Paris: Paper presented at the IPCC Energy and Industry Subgroup, Response Strategies Working Group, 1990.

[6] Kei Gomi, Koji Shimada, et al. Developing a long-term local society design methodology towards alow-carbon economy: An application to Shiga Prefecture in Japan [J] . Energy Policy, 2007 (35): 4688 - 4703.

[7] Michael Grubb, Tim Laing, el al. Global carbon mechanisms: lessons and implications [J] . Climatic Change, 2009 (11): 105 - 140.

[8] Toshihiko Nakata, Mikhail Rodionov, el al. Shift to a low carbon society through energy systems design [J] . Technological Sciences, 2010 (1): 134 - 143.

[9] Thuli N. Mdluli, Coleen H. Vogel. Challenges to achieving a successful transition to a lowcarbon economy in South Africa: examples from poor urban communities [J] . Mitige Adapt Stratege Globe Change, 2010 (15): 205 - 222.

[10] 庄贵阳 . 中国：以低碳经济应对气候变化挑战 [J] . 环境经济，2007

(2)：69－71.

[11] 付允，马永欢，刘怡君，牛文元．低碳经济的发展模式研究［J］．中国人口·资源与环境，2008（03）：14－19.

[12] 张坤民．低碳世界中的中国：地位、挑战和战略［J］．中国人口资源与环境，2008（5）：1－7.

[13] 张世秋．低碳经济：链接区域污染控制、气候变化减缓与可持续发展的桥梁［M］．低碳经济论．北京：中国中国环境科学出版社，2008：81－126.

[14] 方时姣．论经济理论“绿色化”创新的三个环节［J］．汉江论坛，2009（11）：26－28.

[15] 潘家华．怎样发展中国的低碳经济［J］．中国市场，2010（3）：61－65.

[16] Jonathan G. Koomeya，Carrie A. Webbera，el al. Addressing energy-related challenges for the US buildings sector：results from the clean energy futures study［J］. Energy Policy，2001（29）：1209－1221.

[17] Sven Bode，Martina Jung. Carbon dioxide capture and storage—liability for non-permanence under the UNFCCC［J］. Int Environ Agreements，2006（6）：173－186.

[18] P. Georgiou，C. Tourkolias，D. Diakoulaki. A roadmap for selecting host countries of windenergy projects in the framework of the cleande-velopment mechanism［J］. Renewable and Sustainable Energy Reviews，2008（12）：712－731.

[19] Vasilis Fthenakis，James E. Mason，Ken Zweibel. The technical，geo-graphical，and economic feasibility for solar energy to supply the energy needs of the US［J］. Energy Policy，2009（37）：387－399.

[20] Pallav Purohit. Economic potential of biomass gasification projects underclean development mechanism in India［J］. Journal of Cleaner Production，2009（17）：181－193.

[21] 牛文元．制定绿色能源战略［J］．绿叶，2006（9）.

[22] 庄贵阳．清洁发展机制，怎样的机制［J］．世界知识，2007（19）：

46－47.

［23］管数园，李艳红．生物质能的转换和利用技术［J］．能源研究与利用．2007（5）：27－30.

［24］倪维斗．从生物质能的利用谈起．低碳经济论［M］．北京：中国中国环境科学出版社，2008：260－272.

［25］吴昌华．低碳创新的技术发展路线图［J］．中国科学院院刊，2010（2）：138－145.

［26］森林采伐废弃物利用有助减排［N］．中国绿色时报，2003－11－19.

［27］Terhi Kaipainen，Jari Liski，el al. Managing carbon sinks by changing rotation length in European forests［J］. Environmental Science & Policy，2004（7）：205－219.

［28］Roland Olschewskia，Pablo C.，el al. How attractive are forest carbon sinks? Economic insights into supply and demand of Certified Emission Reductions［J］. Journal of Forest Economics，2005（11）：77－94.

［29］Jared S. Nunery，William S. Keeton. Forest carbon storage in the northeastern United States：Net effects of harvesting frequency，post-harvest retention，and wood products［J］. Forest Ecology and Management，2010（259）：1363－1375.

［30］Ralph Alig，Greg Latta，et al. Mitigating greenhouse gases：The importance of land base interactions between forests，agriculture，and residential development in the face of changes in bioenergy and carbon prices［J］. Forest Policy and Economics，2010（12）：67－75.

［31］魏殿生．关注林业碳汇，应对气候变化［J］．中国林业，2006（1）：25－27.

［32］何英，张小全，刘云仙．中国森林碳汇交易市场现状与潜力［J］．林业科学，2007（7）：106－111.

［33］王春峰．低碳经济下的林业选择［J］．世界环境，2008（2）：37－39.

［34］邱威，姜志德．我国森林碳汇市场构建初探［J］．世界林业研究，2008（3）.

[35] 谢朝柱，谢林．高度关注应对气候变化中的森林——展望中国林业发展的新使命［J］．北京林业大学学报，2009（3）：54-57.

[36] 陈建成，程宝栋．森林与低碳经济刍议［C］．第四届中国林业技术经济理论与实践论坛．低碳经济与林业发展论——中国林业学术论坛，2009：97-101.

[37] 贺庆棠．低碳经济、低碳消费与林业［C］．第四届中国林业技术经济理论与实践论坛．低碳经济与林业发展论——中国林业学术论坛 2009：102-107.

[38] 李怒云．发展碳汇林业，应对气候变化——中国碳汇林业的实践与管理［J］．中国水土保持科学，2010（2）：13-16.

[39] 朴世龙，方精云，黄耀．中国陆地生态系统碳收支［J］．中国基础科学，2010（2）：20-22.

[40] K·Boulding. The economics of the coming spaceship Earth［M］. Baltimore：Johns Hopkins University Press，1966.

[41] 李慧明，朱红伟，廖卓玲．论循环经济与产业生态系统之构建［J］．现代财经，2005（4）：8-11.

[42] 蕾切尔·卡逊．寂静的春天［M］．吕瑞兰，李长生，译．长春：吉林人民出版社，1997.

[43] 唐建荣．生态经济学［M］．北京：化学工业出版社，2005.

[44] 丹尼斯·米都斯等．增长的极限［M］．李宝恒，译．长春：吉林人民出版社，1997.

[45] 约翰·杜能．孤立国同农业及国民经济之关系［M］．吴衡康，译．北京：商务印书馆，1986.

[46] 曾坤生．西方空间结构理论评述［J］．经济学动态，1999（10）.

[47] J. Williamson. Regional Inequality and the Process of National Development［J］. Economic Development and Cultural Change，1965（13）.

[48] 包卿，陈熊．核心——边缘理论的应用和发展新范式［J］．经济论坛，2006（8）.

[49] 廖士义．林业经济学导论［M］．北京：中国林业出版社，1987.

[50] 雍文涛．林业面临的两种趋势［J］．农业经济问题，1982

(9)：14-17.

[51] 周泽峰．建立我国林业基金制度的构想［J］．林业经济，1999（5）：75-78.

[52] 施能，黄先香，杨扬．1948—2000年全球陆地年降水量趋势变化的时空特征［J］．大气科学，2003（11）：971-982.

[53] 方精云，郭兆迪，朴世龙，等．1981—2000年中国陆地植被碳汇的估算［J］．中国科学，2007（6）：804-812.

[54] 黄敏，廖为明，等．基于KAYA公式的低碳经济模型构建与应用［J］．生态经济，2010（12）：51-55.

[55] 叶晓佳，孙敬水，董立锋．低碳经济发展中的碳排放驱动因素实证研究——以浙江省为例［J］．经济理论与经济管理，2011（4）：13-23.

[56] 中国人民银行哈尔滨中心支行青年课题组．基于LMDI分解模型的碳排放增长驱动因素研究——以黑龙江省为例［J］．黑龙江金融，2010（10）：26-29.

[57] B·Ang，F·Liu. A New Energy Decomposition Method：Perfect in Decompostion and Consistent in Aggregation［J］. Energy，2001（26）：189-193.

[58] P· Ehrlich. Population，resources，environment：issues in human ecology［M］. San Francisco：Freeman，1970：89-157.

[59] Thomas Dietz，Eugene Rosa. Re thinking the Environmental Impacts of Population，Influence，and Technology［J］. Human Ecology Review，1994（1）.

[60] Li Tingting，Wang Zhaojun. Empirical Analysis of Carbon Emissions in Economic Development of Heilongjiang Province Based on KAYA Model［C］. The 2nd Academic Conference on Energy Environment and Development，2012.

[61] 赵奥，武春友．中国CO_2排放量变化的影响因素分解研究——基于改进的KAYA等式与LMDI分解法［J］．软科学，2010（12）：55-59.

[62] 陈万龙，侯军岐．基于KAYA模型的中国低碳经济策略探讨［J］．

价值工程，2010（22）：3-4.

[63] 孙秀梅，周敏，等．山东省碳排放演进特征及影响因素的实证研究［J］．华东经济管理，2011（7）：11-15.

[64] 石春娜，王立群．森林资源消长与经济增长关系计量分析［J］．林业经济，2006（11）：46-49.

[65] 李敏．影响农村土地流转的多元回归分析［J］．江西农业大学学报，2010（3）：81-93.

[66] 李允标，李铭娟，李伟．县域经济发展的多因素回归分析——以上饶县为例［J］．经济研究，2011（3）：58-59.

[67] 鲁兴华．我国能源消耗多元线性回归分析［J］．经济研究，2011（6）：45-47.

[68] 周一星，杨齐．中国城市工业经济效益的多因素分析［J］．经济地理，1990（10）：43-50.

[69] 贾娜，周一星．中国城市人均 GDP 差异影响因素的分析［J］．中国软科学，2006（8）：109-118.

[70] 李树，陈刚．环保产业对能源强度及其地区差异的影响［J］．世界经济文汇，2010（3）：64-77.

[71] 王丹枫．我国能源利用效率、经济增长及产业结构调整的区域特征——基于 1995—2007 年 31 各省域数据的分位点回归分析［J］．财经研究，2010（7）：104-113.

[72] 田志勇，刘丙午，霍灵瑜．能源消费结果对单位 GDP 能耗影响的回归分析模型［J］．冶金经济与管理，2011（1）：44-48.

[73] 彭丽莎，朱英．产业结构对我国单位 GDP 能耗的影响分析［J］．产业与科技论坛，2011（5）：37-39.

[74] Anne Stenge，Patrice Harou，Stale Navrud. Valuing environmental goods and services derived from the forests［J］. Journal of Forest Economics，2009（15）：1-14.

[75] Chung-pin Hung，Chiang Wei，Song Yung Wang，Far-Ching Lin. The study on the carbon dioxide sequestration by applying wooden structure on eco-technological and leisure facilities［J］. Renewable Energy，

2009 (34): 1896－1901.

[76] Vilis Brukas, Norbert Weber. Forest management after the economic transition—at the crossroads between German and Scandinavian traditions [J]. Forest Policy and Economics, 2009 (11): 586－592.

[77] Rol and Olschewski, Pablo C. Benitez. Optimizing joint production of timber and carbon sequestration of afforestation projects [J]. Journal of Forest Economics, 2010 (16): 1－10.

[78] Peter Schwarzbauer, Tobias Stern. Energy vs. material: Economic impacts of a "wood-for-energy scenario" on the forest-based sector in Austria — A simulation approach [J]. Forest Policy and Economics, 2010 (12): 31－38.

[79] Ronald Raunikar, Joseph Buongiorno, James A. Turner, Shushuai Zhu. Global outlook for wood and forests with the bioenergy demand implied by scenarios of the Intergovernmental Panel on Climate Change [J]. Forest Policy and Economics, 2010 (12): 48－56.

[80] Jeffrey J. Wilson, Van A. Lantz, David A. Mac Lean. A benefit-cost analysis of establishing protected natural areas in New Brunswick, Canada [J]. Forest Policy and Economics, 2010 (12): 94－103.

[81] Jose M. Rueda-Cantuche, Antonio F. Amores. Consistent and unbiased carbon dioxide emission multipliers: Performance of Danish emission reductions via external trade [J]. Ecological Economics, 2010 (69): 988－998.

[82] Jie He. Patrick Richard Environmental Kuznets curve for CO_2 in Canada [J]. Ecological Economics, 2010 (69): 1083－1093.

[83] 张建国，吴静和．现代林业论 [M]．北京：中国林业出版社，1996.

[84] 郭占胜，张忠义，张超英．复合生态系统中区域环境质量可持续发展能力的综合评价 [J]．河南农业大学学报，2001 (3): 230－233.

[85] 张建国，余建辉．生态林业论 [M]．北京：中国林业出版社，2002.

[86] 张建国，林迎星．社会林业论 [M]．北京：中国林业出版社，2002.

[87] 蒋敏元，等．以生态环境建设为主体的新林业发展战略研究 [M]．

哈尔滨：东北林业大学出版社，2002.

[88] 李克让．土地利用变化和温室气体净排放与陆地生态系统碳循环[M]. 北京：气象出版社，2002.

[89] 孙卫，彭志芳．发展循环经济的国际比较与战略思考［J］．科学学与科学技术管理，2005（1）：95－99.

[90] 庄贵阳．中国经济低碳发展的途径与潜力分析［J］．国际技术经济研究，2005（3）：8－12.

[91] 谢家平．基于循环经济的工业园区生态化研究［J］．中国工业经济，2005（4）：15－22.

[92] 何建坤．我国减缓碳排放的近期形式与远期趋势分析［J］．中国人口资源与环境，2006（6）：153－157.

[93] 庄贵阳．“十一五”期间能源强度下降20％目标约束下我国的能源需求及政策措施［J］．经济研究参考，2006（77）：5－15.

[94] 贺庆棠．关注全球气候变暖［J］．北京林业大学学报，2007（4）：67－70.

[95] 马凯．气候变暖是人类共同面临的挑战［J］．绿叶，2007（8）．

[96] 庄贵阳．节能减排与中国经济的低碳发展［J］．气候变化研究进展，2008（2）：303－308.

[97] 付允，汪云林，李丁．低碳城市的发展路径研究［J］．科学对社会的影响，2008（2）：5－10.

[98] 张坤民，潘家华，崔大鹏．低碳经济论［M］．北京：中国环境科学出版社，2008.

[99] 张少杰，胡大勇．基于循环经济视角的国有林区产业发展战略研究——以吉林省为例［J］．林业经济，2008（3）：51－53.

[100] 姜钰．黑龙江林区产业循环经济体系发展构架及对策研究［J］．农业现代化研究，2009（2）：168－170.

[101] 国家林业局应对气候变暖课题组．高度重视发挥林业在应对气候变暖中的重大作用［J］．绿色中国，2009（3）：46－49.

[102] 王文军．低碳经济：国外的经验启示与中国的发展［J］．西北农林科技大学学报（社会科学版），2009（6）：73－77.

[103] 郎春雷．全球气候变化背景下中国产业的低碳发展研究［J］．社会科学，2009（6）：39－47.

[104] 郭印，王敏洁．国际低碳经济发展经验对中国的启示［J］．改革与战略，2009（10）.

[105] 朱有志，周少华．发展低碳经济，应对气候变化——低碳经济及其评价指标［J］．中国国情国力，2009（12）：4－6.

[106] 葛守昆，李慧．制度变迁、有效需求、环境保护与转型期中国经济增长［J］．海江学刊，2010（1）：86－91.

[107] 段红霞．低碳经济发展当前驱动机制探析［J］．当代经济研究，2010（2）：58－62.

[108] 徐大丰．低碳技术选择的国际经验对我国低碳技术路线的启示［J］．科技与经济，2010（2）：73－75.

[109] 李怒云，陈叙图，章升东．林业在发展低碳经济中的地位与作用［J］．林业经济，2010（2）：73－75.

[110] 田明华，陈建成，等．浅谈低碳经济发展对林业的影响［J］．林业经济，2010（2）：76－78.

[111] 张秋根，曹建华，郭晓敏．林业低碳经济探讨［J］．林业经济，2010（3）：36－38.

[112] 崔奕，郝寿义，张立新．高碳经济如何向低碳经济转变［J］．生态经济，2010（4）：29－38.

[113] 田明华，王福伟，等．中国大力增加森林碳汇中的几个问题［J］．林业经济，2011（7）：28－32.

图书在版编目（CIP）数据

黑龙江国有森工林区低碳经济发展模式构建研究 / 李婷婷著．—北京：中国农业出版社，2017.9

ISBN 978-7-109-23339-3

Ⅰ.①黑… Ⅱ.①李… Ⅲ.①国有林－林区－气候变化－影响－经济发展模式－黑龙江省 Ⅳ.①F326.273.5

中国版本图书馆 CIP 数据核字（2017）第 223670 号

中国农业出版社出版

（北京市朝阳区麦子店街 18 号楼）

（邮政编码 100125）

责任编辑　赵　刚

北京中兴印刷有限公司印刷　　新华书店北京发行所发行

2017 年 9 月第 1 版　　2017 年 9 月北京第 1 次印刷

开本：880mm×1230mm 1/32　　印张：6.375

字数：205 千字

定价：35.00 元